行政复议法
应用一本通

王旭坤 等 编著

北京

图书在版编目(CIP)数据

行政复议法应用一本通 / 王旭坤等编著. -- 北京：法律出版社，2024
ISBN 978-7-5197-8480-5

Ⅰ.①行… Ⅱ.①王… Ⅲ.①行政复议法－法律解释－中国 Ⅳ.①D925.35

中国国家版本馆 CIP 数据核字(2023)第 206185 号

行政复议法应用一本通 XINGZHENG FUYIFA YINGYONG YIBENTONG	王旭坤 等编著	策划编辑 冯雨春　朱海波 责任编辑 朱海波　杨雨晴 装帧设计 鲍龙卉

出版发行 法律出版社	开本 A5
编辑统筹 法律应用出版分社	印张 7.875　　字数 240 千
责任校对 蒋 橙	版本 2024 年 1 月第 1 版
责任印制 刘晓伟	印次 2024 年 1 月第 1 次印刷
经　销 新华书店	印刷 三河市龙大印装有限公司

地址：北京市丰台区莲花池西里 7 号(100073)
网址：www.lawpress.com.cn　　　　　销售电话:010-83938349
投稿邮箱：info@lawpress.com.cn　　　客服电话:010-83938350
举报盗版邮箱：jbwq@lawpress.com.cn　咨询电话:010-63939796
版权所有·侵权必究

书号：ISBN 978-7-5197-8480-5　　　　定价：45.00 元
凡购买本社图书，如有印装错误，我社负责退换。电话:010-83938349

出版说明

《行政复议法》自1999年10月1日起实施,迄今已经24年,其间历经2009年、2017年、2023年三次修订。

本次对《行政复议法》进行了全面、系统的修订,属于大修。修改后的条文共计7章90条,修订的主要内容包括:明确行政复议原则、职责和保障,强化行政复议吸纳和化解行政争议的能力,完善行政复议受理及审理程序,加强行政复议对行政执法的监督等。

行政复议是政府系统自我纠错的监督制度和解决行政争议的主渠道,是推进法治政府建设的重要抓手,也是维护公民、法人和其他组织合法权益的重要渠道。未来务必会更加重视行政复议,发挥行政复议公正高效、便民为民的制度优势,让行政复议真正成为化解行政争议的主渠道。

本书的编排主要有以下几点考虑:

1.在【应用提示】栏目中,对每一条款进行了释义,具体阐释了本条的主旨、核心内容及如何具体理解和适用。

2.在【条文对照】栏目中,左侧栏是2017年《行政复议法》条文,右侧栏是2023年《行政复议法》最新条文,两相对照,并对修改部分进行加黑处理,可对本次大修的内容一目了然。本书还对与行政复议相关的【关联法规】进行了收录。

3.在【典型案例】栏目中,共收集了16个典型案例,分别来自最高人民法院及司法部行政复议司,除了指导案例全文收录外,对其他案例的具体案情、焦点问题评析、思考与启示进行了提炼,可作为行政复议工作的参考。

4.本书的附录部分,汇总了23个来自原国务院法制办、司法部、最高人民法院的批复与回复意见,整理了50个行政复议相关文书,并专门绘制了立法体系图、行政复议工作流程图,为读者提供切实可行的参考,也利于读者更深刻地理解行政复议具体工作流程。

本书由王旭坤、白秋晗、赵顺顺撰写整理,由一本通编写组统一审定,由于时间仓促与经验所限,疏漏之处在所难免,敬请读者指正。

目　　录

第一章　总则 …………………………………………………… 1
   第一条　【立法目的】 …………………………………………… 1
   第二条　【适用范围】 …………………………………………… 2
   第三条　【复议原则】 …………………………………………… 3
   第四条　【复议机关及其职责】 ………………………………… 4
   第五条　【复议调解】 …………………………………………… 6
   第六条　【复议队伍建设】 ……………………………………… 9
   第七条　【后勤保障】 …………………………………………… 10
   第八条　【信息化建设】 ………………………………………… 10
   第九条　【表彰与奖励】 ………………………………………… 11
   第十条　【对复议不服的诉讼】 ………………………………… 12

第二章　行政复议申请 ………………………………………… 15
   第一节　行政复议范围 …………………………………………… 15
   第十一条　【复议范围】 ………………………………………… 15
   第十二条　【复议范围的排除】 ………………………………… 24
   第十三条　【规范性文件的附带审查】 ………………………… 26
   第二节　行政复议参加人 ………………………………………… 27
   第十四条　【复议申请人】 ……………………………………… 27
   第十五条　【代表人复议】 ……………………………………… 29
   第十六条　【复议第三人】 ……………………………………… 30
   第十七条　【委托代理人】 ……………………………………… 34
   第十八条　【法律援助】 ………………………………………… 35

第十九条　【复议被申请人】 ……………………………………… 35
 第三节　申请的提出 ………………………………………………… 37
　　第二十条　【申请复议的期限】 ………………………………… 37
　　第二十一条　【最长期限】 ……………………………………… 39
　　第二十二条　【复议申请】 ……………………………………… 40
　　第二十三条　【复议前置的规定】 ……………………………… 41
 第四节　行政复议管辖 ……………………………………………… 47
　　第二十四条　【县级以上地方各级人民政府管辖范围】 ……… 47
　　第二十五条　【国务院部门管辖范围】 ………………………… 50
　　第二十六条　【对国务院部门或省、自治区、直辖市政府具体
　　　　　　　　　行政行为不服的复议】 ………………………… 52
　　第二十七条　【对实行垂直/双重领导机关行政行为不服的
　　　　　　　　　复议】 …………………………………………… 53
　　第二十八条　【复议与诉讼的选择】 …………………………… 53
　　第二十九条　【复议与诉讼的程序互斥】 ……………………… 54

第三章　行政复议受理 …………………………………………………… 56
　　第三十条　【复议的受理】 ……………………………………… 56
　　第三十一条　【材料补正】 ……………………………………… 62
　　第三十二条　【对当场处罚决定的复议申请】 ………………… 65
　　第三十三条　【复议的驳回】 …………………………………… 66
　　第三十四条　【复议与诉讼的衔接】 …………………………… 66
　　第三十五条　【上级机关责令受理及直接受理】 ……………… 70

第四章　行政复议审理 …………………………………………………… 71
 第一节　一般规定 …………………………………………………… 71
　　第三十六条　【审理程序】 ……………………………………… 71
　　第三十七条　【审理依据】 ……………………………………… 72
　　第三十八条　【提级管辖】 ……………………………………… 72
　　第三十九条　【复议中止】 ……………………………………… 73

第四十条 【复议程序无故中止的救济】 ………………… 76
　　第四十一条 【复议终止】 ………………………………… 76
　　第四十二条 【复议停止执行的情形】 …………………… 78
　第二节 行政复议证据 ………………………………………… 80
　　第四十三条 【复议证据种类】 …………………………… 80
　　第四十四条 【被申请人的举证责任】 …………………… 82
　　第四十五条 【调查取证的权力】 ………………………… 89
　　第四十六条 【被申请人不得自行取证】 ………………… 92
　　第四十七条 【申请人、第三人的查阅、复制权】 ……… 94
　第三节 普通程序 ……………………………………………… 95
　　第四十八条 【复议程序事项】 …………………………… 95
　　第四十九条 【听取意见原则及例外】 …………………… 98
　　第五十条 【听证制度】 …………………………………… 101
　　第五十一条 【听证应事先通知】 ………………………… 102
　　第五十二条 【复议委员会】 ……………………………… 103
　第四节 简易程序 ……………………………………………… 105
　　第五十三条 【简易程序】 ………………………………… 105
　　第五十四条 【复议申请书发送和答复的时限】 ………… 107
　　第五十五条 【向普通程序的转化】 ……………………… 108
　第五节 行政复议附带审查 …………………………………… 109
　　第五十六条 【复议机关对规范性文件的处理】 ………… 109
　　第五十七条 【对行政行为依据的主动审查】 …………… 110
　　第五十八条 【对规范性文件或者依据的合法性审查
　　　　　　　　方式】 …………………………………………… 111
　　第五十九条 【对规范性文件或者依据的合法性审查
　　　　　　　　之处理结果】 ………………………………… 112
　　第六十条 【受转送机关对规范性文件或者依据的处理】 … 113

第五章 行政复议决定 …………………………………………… 115
　第六十一条 【复议审查及复议决定的作出】 ……………… 115

第六十二条　【复议审理期限】……………………… 117
　　第六十三条　【变更行政行为】……………………… 118
　　第六十四条　【撤销行政行为】……………………… 122
　　第六十五条　【确认行政行为违法】………………… 129
　　第六十六条　【行政不作为的复议】………………… 131
　　第六十七条　【确认行政行为无效】………………… 132
　　第六十八条　【维持行政行为】……………………… 132
　　第六十九条　【不构成行政不作为的复议】………… 134
　　第七十条　【被申请人的举证责任】………………… 135
　　第七十一条　【行政协议相关】……………………… 136
　　第七十二条　【行政赔偿相关】……………………… 137
　　第七十三条　【行政复议调解书】…………………… 139
　　第七十四条　【和解及撤回复议申请】……………… 143
　　第七十五条　【复议决定书】………………………… 146
　　第七十六条　【复议意见书】………………………… 146
　　第七十七条　【被申请人不履行复议决定的处理】… 147
　　第七十八条　【申请人、第三人不履行复议决定的处理】… 148
　　第七十九条　【复议决定书的公开】………………… 150

第六章　法律责任 …………………………………… 152
　　第八十条　【复议机关不依法履行职责的处罚】…… 152
　　第八十一条　【渎职处罚】…………………………… 153
　　第八十二条　【被申请人不提交答复、资料和阻碍他人复议申请时的处罚】……………………… 154
　　第八十三条　【被申请人不履行或迟延履行复议决定书、调解书、意见书的处罚】………………… 155
　　第八十四条　【拒绝、阻挠行政复议调查取证行为的处罚】…… 156
　　第八十五条　【行政机关及其工作人员复议工作违法的处理】………………………………… 156

第八十六条 【行政复议中公职人员涉嫌职务犯罪的处置】 ……………………………………………………… 157

第七章 附则 …………………………………………………… 159
第八十七条 【复议费用】 ………………………………… 159
第八十八条 【文书送达和期间计算】 …………………… 159
第八十九条 【适用范围补充规定】 ……………………… 160
第九十条 【生效日期】 …………………………………… 161

附录一 答复与批复 ……………………………………………… 163
第一章 总则 ……………………………………………… 163
1. 国务院法制办公室对《国务院关税税则委员会关于请明确反倾销行政复议中有关问题的函》的复函 …… 163
第二章 行政复议申请 …………………………………… 164
第一节 行政复议范围 ………………………………… 164
2. 司法部关于对罪犯劳动致伤残的补偿决定不服不能申请行政复议的批复 …………………………………… 164
3. 国务院法制办公室对国家计委《关于请明确〈价格违法行为行政处罚规定〉的法律效力及价格行政处罚适用复议前置程序问题的函》的复函 ……………………… 165
第二节 行政复议参加人 ……………………………… 166
4. 国务院法制办公室对内蒙古自治区人民政府法制办公室《关于王静南申请行政复议案有关法律适用问题的请示》的答复 …………………………………………… 166
5. 最高人民法院关于举报人对行政机关就举报事项作出的处理或者不作为行为不服是否具有行政复议申请人资格问题的答复 ……………………………………… 166
6. 国务院法制办公室对原对外贸易经济合作部《关于如何确定以计划单列市为被申请人的行政复议案件的复议机关的请示》的复函 ………………………………… 167

7. 最高人民法院关于对林业行政机关依法作出具体行政行为申请人民法院强制执行问题的复函 …………………… 167
8. 国务院法制办公室对辽宁省人民政府法制办公室《关于杨云泽等行政复议案件有关问题的请示》的复函 ………… 168
9. 国务院法制办公室对国土资源部《关于请明确行政复议案件审查程序有关问题的函》的复函 ……………… 168
10. 国务院法制办公室对国家工商总局《关于中外合作经营企业的合作一方是否具备行政复议申请人资格的请示》的复函 ……………………………………………………… 169

第三节　申请的提出 ……………………………………… 169

11. 国务院法制办公室对《甘肃省人民政府法制办公室关于〈中华人民共和国行政复议法〉第九条有关问题的请示》的复函 ……………………………………………… 169
12. 国务院法制办公室《关于对内蒙古自治区人民政府法制办公室关于行政复议期限有关问题的请示》的复函 ……… 170
13. 国务院法制办公室对湖北省人民政府法制办公室《关于人民法院裁决应当"复议前置"当事人申请行政复议时已超过期限的复议申请是否受理的请示》的复函 ………… 170

第四节　行政复议管辖 …………………………………… 171

14. 国务院法制办公室关于对海南省法制办公室《关于行政复议管辖权限有关问题的请示》的复函 ………………… 171
15. 国务院法制办公室对建设部办公厅《关于上级房屋拆迁管理部门对下一级房屋拆迁管理部门作出的拆迁裁决是否具有行政复议管辖权的请示》的复函 ……………… 171
16. 国务院法制办关于国务院部委管理的国家局的具体行政行为行政复议机关问题的复函 ………………………… 172

第三章　行政复议受理 ………………………………………… 172

17. 国务院法制办公室关于不服行政机关根据上级行政机关认定审批行为作出的具体行政行为申请行政复议有关问题的复函 ……………………………………………… 172

第四章 行政复议决定 ···························· 173

18. 最高人民法院赔偿委员会关于复议机关未尽告知义务致使赔偿请求人申请逾期,人民法院应当承担国家赔偿责任的答复 ······················· 173

19. 最高人民法院关于复议机关是否有权改变复议决定请示的答复 ··· 174

20. 最高人民法院关于行政复议机关受理行政复议申请后,发现复议申请不属于行政复议法规定的复议范围,复议机关作出终止行政复议决定的,人民法院如何处理的答复 ··· 174

21. 国务院法制办公室对辽宁省人民政府法制办公室《关于刘璐行政复议案件有关问题的请示》的复函 ········· 175

22. 全国人民代表大会常务委员会法制工作委员会关于行政复议机关能否加重对申请人处罚问题的答复意见 ····· 175

23. 最高人民法院行政审判庭关于谭永智不服甘肃省人民政府房产登记行政复议决定请示案的答复 ············ 176

附录二 典型案例索引 ······································ 177

附录三 行政复议相关文书 ································ 179

行政复议申请书 ·· 179
行政复议申请书附件目录 ·································· 180
行政复议申请书(含一并审查/行政赔偿请求) ············ 181
法定代表人(主要负责人)身份证明书 ···················· 182
行政复议授权委托书(适用公民) ························· 183
行政复议授权委托书(适用法人或者其他组织) ·········· 184
行政复议申请收件清单 ···································· 185
行政复议申请补正通知书 ·································· 186
行政复议受理通知书 ······································· 187
提出行政复议答复通知书 ·································· 188

第三人参加行政复议通知书	189
行政复议不予受理决定书	190
行政复议告知书	192
行政复议申请转送函	193
行政复议回避申请书	194
行政复议回避申请决定书	195
行政复议答复书	196
第三人参加行政复议申请书	197
规范性文件审查申请书	198
规范性文件审查转送函(一)	199
规范性文件审查转送函(二)	200
停止执行具体行政行为申请书	201
停止执行具体行政行为通知书	202
责令受理通知书	203
调卷函	204
行政复议委托调查函	205
行政复议案件调查笔录	206
行政复议案件委托鉴定申请书	207
行政复议委托鉴定书	208
行政复议听证通知书(一)	209
行政复议听证通知书(二)	210
行政复议听证笔录	211
申请行政复议案件延期审理报告	213
行政复议案件延期审理通知书	214
行政复议案件中止审理通知书	215
恢复行政复议审理通知书	216
撤回行政复议申请书	217
终止行政复议案件决定书	218
行政复议调解书	220
行政复议和解协议书	222

行政复议委员会办公室案审会讨论记录 …………… 224
　　行政复议委员会案审会记录 ……………………………… 225
　　行政复议决定书 …………………………………………… 226
　　驳回行政复议申请决定书 ………………………………… 228
　　责令恢复审理通知书 ……………………………………… 230
　　责令履行通知书 …………………………………………… 231
　　行政复议意见书 …………………………………………… 232
　　行政复议建议书 …………………………………………… 233
　　行政复议案件文书审批表 ………………………………… 234
　　行政复议案件送达回证 …………………………………… 235

附录四　立法体系图 ……………………………………… 236

附录五　行政复议工作流程图 …………………………… 237

第一章 总　　则

黑体部分为增加或修改,单独 ～～ 部分为移动,阴影加 ～～ 部分为删去。

> 第一条 【立法目的】为了防止和纠正违法的或者不当的行政行为,保护公民、法人和其他组织的合法权益,**监督和保障**行政机关依法行使职权,**发挥行政复议化解行政争议的主渠道作用,推进法治政府建设,**根据宪法,制定本法。

2017 年行政复议法	2023 年行政复议法
第一条　为了防止和纠正违法的或者不当的具体行政行为,保护公民、法人和其他组织的合法权益,保障和监督行政机关依法行使职权,根据宪法,制定本法。	第一条　为了防止和纠正违法的或者不当的行政行为,保护公民、法人和其他组织的合法权益,**监督和保障**行政机关依法行使职权,**发挥行政复议化解行政争议的主渠道作用,推进法治政府建设,**根据宪法,制定本法。

▎**应用提示** ●●●●●●

行政复议是指公民、法人或者其他组织认为行政机关的行政行为侵犯其合法权益,依法向行政复议机关提出复查该行政行为的申请,行政复议机关依照法定程序对被申请的行政行为进行合法性、适当性审查,并作出行政复议决定。

行政复议与行政诉讼是现代社会解决行政争议的重要途径,并称行政争诉制度。行政复议是行政机关依照行政程序受理和处理行政争议案件的制度,是行政机关内部对违法或不当的行政行为进行纠正与纠偏的制度,具有便民、高效、免费、公正、公开、可救济的特点。我们既可以选择行政复议,也可以选择行政诉讼,还可以在选择行政复议之后再提起行政诉讼——除非法律规定了行政复议前置或该行政复议决定为最终裁定。简单地讲,行政复议是在行政系统里面要个说法,行政诉讼则是去法院讨个说法,目的都是解决行政争议。

行政复议不收费且审理期限短,使得很多当事人倾向于选择这一经济快捷的纠纷解决途径。自 1990 年 12 月 24 日国务院发布《行政复议条例》(1994 年 10 月 9 日国务院修订发布),到 1999 年 10 月 1 日正式施行《行政复议法》,其间历经 2009 年 8 月 27 日、2017 年 9 月 1 日、2023 年 9 月 1 日三次修订,行政复议迄今已走过了 24 年历程,行政复议制度已深入人心,行政复议案件还在不断增长。如何确保行政复议有效解决行政争议,既保护行政相对人的合法权益,又能维护行政的效率与权威,是复议机关在办理行政复议案件中关注的重点。

2023 年《行政复议法》的修订,回应了近六年来行政复议实践以及理论研究的最新成果,进行了系统性的大修,强化了行政复议吸纳和化解行政争议的能力。行政复议不仅是单纯的案件办理,也是行政系统内部的自我监督,此次《行政复议法》的修订,必将进一步"发挥行政复议化解行政争议的主渠道作用,推进法治政府建设"。

> **第二条 【适用范围】**公民、法人或者其他组织认为行政机关的行政行为侵犯其合法权益,向行政复议机关提出行政复议申请,行政复议机关办理行政复议案件,适用本法。
>
> 前款所称行政行为,包括法律、法规、规章授权的组织的行政行为。

2017 年行政复议法	2023 年行政复议法
第二条 公民、法人或者其他组织认为**具体**行政行为侵犯其合法权益,向行政机关提出行政复议申请,行政机关**受理**行政复议**申请、作出行政复议决定**,适用本法。	第二条 公民、法人或者其他组织认为**行政机关的**行政行为侵犯其合法权益,向行政**复议**机关提出行政复议申请,行政**复议**机关**办**理行政复议**案件**,适用本法。 前款所称行政行为,包括法律、法规、规章授权的组织的行政行为。

应用提示 •••••••

行政行为是指国家行政机关在行政管理活动中行使行政职权,针对特定的公民、法人或者其他组织,就特定的具体事项作出影响该公民、法人或者其他组织权利义务的单方行为。在新《行政复议法》第十一条【行政复议范围】中明确列举了 14 类行政行为,第十二条【复议范围的排除】中则反向列举了不属于行政复议范围的 4 类行为。

申请行政复议的申请人应当是与案涉行政行为有利害关系的公民、法人或者其他组织,其认为自己的合法权益被行政机关的行政行为侵犯到,于是向行政复议机关提起行政复议申请,从而启动行政复议程序。本条中提到了"申请主体""行政行为""行政机关及行政复议机关"等多个重要概念,在《行政复议法》第二章第二节【行政复议参加人】中进一步阐释。

第三条 【复议原则】行政复议工作坚持中国共产党的领导。

行政复议机关履行行政复议职责,应当遵循合法、公正、公开、高效、便民、为民的原则,坚持有错必纠,保障法律、法规的正确实施。

2017 年行政复议法	2023 年行政复议法
第四条 行政复议机关履行行政复议职责,应当遵循合法、公正、公开、**及时**、便民的原则,坚持有错必纠,保障法律、法规的正确实施。	第三条 行政复议工作坚持中国共产党的领导。 行政复议机关履行行政复议职责,应当遵循合法、公正、公开、**高效**、便民、**为民**的原则,坚持有错必纠,保障法律、法规的正确实施。

应用提示 •••••••

本条规定了行政复议的原则,具体包括:

1. 坚持党的领导

坚持党的领导,是社会主义法治的根本要求,是依法治国的应有之义。要把党的领导贯彻到行政复议全过程和各方面,坚持党的领导、人民当家作主、依法治国的有机统一。

2. 合法原则

合法原则是指在行政复议的过程中遵守有关行政复议的法律、法规、规章及有关规定，主要包括：（1）主体合法，申请人必须是与案涉行政行为有利害关系的公民、法人或其他组织，被申请人必须是作出被申请行政行为的行政主体；（2）依据合法，即依据宪法、法律、法规和规章等高位阶的立法；（3）程序合法，行政复议必须严格遵守法定程序，这既包括申请人按法定程序申请，也包括复议机关依照法定程序审查。

3. 公正原则

行政机关拥有行政裁量权，即在法定区间内根据实际情况作出相应的决断。行政复议的公正原则要求复议机关不仅审查行政行为的合法性，也审查其合理性与适当性，对于"明显不当"的、不公正的行政行为应给予纠正。

4. 公开原则

公开原则是指在行政复议过程中，除涉及国家秘密、个人隐私和商业秘密外，整个过程以及决定应当向申请人和社会公开。

5. 高效原则

复议机关应当在法律规定的期限内，尽快完成复议案件的审查，并作出复议决定，为申请人提供及时的法律救济。

6. 便民、为民原则

坚持行政复议便民、为民，要求复议机关为申请人提供必要的便利，并且做到案件审理与案外纾困相结合，协调有关部门帮助解决申请人的实际问题，让申请人切身感受复议工作的真诚和务实。

第四条　【复议机关及其职责】县级以上各级人民政府以及其他依照本法履行行政复议职责的行政机关是行政复议机关。

行政复议机关办理行政复议事项的机构是行政复议机构。行政复议机构同时组织办理行政复议机关的行政应诉事项。

行政复议机关应当加强对行政复议工作的领导。上级行政复议机构对下级行政复议机构的行政复议工作进行指导、监督。

国务院行政复议机构可以发布行政复议指导性案例。

2017年行政复议法	2023年行政复议法
第三条第一款 依照本法履行行政复议职责的行政机关是行政复议机关。行政复议机关**负责法制工作的**机构**具体**办理行政复议事项，履行下列职责： （一）受理行政复议申请； （二）向有关组织和人员调查取证，查阅文件和资料； （三）审查申请行政复议的具体行政行为是否合法与适当，拟订行政复议决定； （四）处理或者转送对本法第七条所列有关规定的审查申请； （五）对行政机关违反本法规定的行为依照规定的权限和程序提出处理建议； （六）办理因不服行政复议决定提起行政诉讼的应诉事项； （七）法律、法规规定的其他职责。	第四条 县级以上各级人民政府以及其他依照本法履行行政复议职责的行政机关是行政复议机关。 行政复议机关办理行政复议事项的机构是行政复议机构。行政复议机构同时组织办理行政复议机关的行政应诉事项。 行政复议机关应当加强行政复议工作，支持和保障行政复议机构依法履行职责。上级行政复议机构对下级行政复议机构的行政复议工作进行指导、监督。 国务院行政复议机构可以发布行政复议指导性案例。

应用提示

新《行政复议法》取消了地方人民政府工作部门的行政复议职责，改由县级以上地方人民政府以及其他依法履行行政复议职责的行政机关统一行使，这有利于把分散在政府部门的行政复议职权相对集中到本级政府，加强人员力量，强化工作责任。同时保留实行垂直领导的行政机关、税务和国家安全机关的特殊情形，相应调整国务院以及各部门的复议管辖权限。

这是本次修法中非常大的调整，体现了对复议工作的重视。

本条第二款明确提出"行政复议机关办理行政复议事项的机构是行政复议机构",即复议机构是具体办事部门,统一处理复议事宜以及相关行政应诉事项。并且第三款提出"上级行政复议机构对下级行政复议机构的行政复议工作进行指导、监督",这意味着上下级行政复议机构之间也要建立日常沟通、指导与监督的工作机制。

本条第四款规定"国务院行政复议机构可以发布行政复议指导性案例",从而明确行政复议指导性案例制度的建立。具体由国务院行政复议机构负责搜集整理、筛选、评析、发布具有示范作用的典型案例,交流行政复议办案经验,探索行政复议办案规律,加强对全国行政复议办案工作的指导。从而为行政机关办理类似行政复议案件释疑解难,也为社会各界了解研究依法行政、行政复议提供重要的学习与参考依据。

> 第五条 【复议调解】行政复议机关办理行政复议案件,可以进行调解。
> 调解应当遵循合法、自愿的原则,不得损害国家利益、社会公共利益和他人合法权益,不得违反法律、法规的强制性规定。

2017年行政复议法	2023年行政复议法
	第五条 行政复议机关办理行政复议案件,可以进行调解。 调解应当遵循合法、自愿的原则,不得损害国家利益、社会公共利益和他人合法权益,不得违反法律、法规的强制性规定。

应用提示

第五条为新增条款,明确行政复议可以进行调解。

行政复议调解是指在行政复议过程中,申请人与被申请人在行政复议机构办案人员的主持和协调下,依法就有关行政争议进行协商,从而达成合意,解决行政争议。行政复议程序中的调解,对于引导当事人在法律框架内达成合意,进而妥善化解矛盾争议,实现"案结事了"具有重要意义。

根据《行政复议法实施条例》第五十条规定,"有下列情形之一的,行政复议机关可以按照自愿、合法的原则进行调解:(一)公民、法人或者其他组织对行政机关行使法律、法规规定的自由裁量权作出的具体行政行为不服申请行政复议的;(二)当事人之间的行政赔偿或者行政补偿纠纷。"新《行政复议法》扩大了行政复议中调解的适用范围,这阐发了非常重要的一个信号——实质性化解行政争议。

当事人经调解达成协议的,行政复议机关应当制作行政复议调解书。调解书应当载明行政复议请求、事实、理由和调解结果,并加盖行政复议机关印章。行政复议调解书经双方当事人签字,即具有法律效力。

调解未达成协议或者调解书生效前一方反悔的,行政复议机关应当及时作出行政复议决定。

典型案例

某公司不服某邮政管理部门行政处罚案(司法部行政复议司发布)[1]

申请人:某货运代理有限责任公司

被申请人:某邮政管理部门

申请人不服被申请人因其无证经营而作出的十五万元罚款决定,向行政复议机关申请行政复议。

申请人认为,其公司一直处于亏损状态,也在为办理许可证所需条件努力,但因为其公司一直面临的困难处境导致经营不当,尚未达到办理许可证的条件,希望能够降低处罚金额。

被申请人认为,申请人的违法事实清楚,证据确凿。申请人对其违法行为亦表示认可。行政处罚适用法律正确,程序合法。根据《邮政法》第七十二条第一款规定,未取得快递业务经营许可经营快递业务的,由邮政管理部门或者工商行政管理部门责令改正,没收违法所得,并处五万元以上十万元以下的罚款;情节严重的,并处十万元以上二十万元以下的罚款;对快递企业,还可以责令停业整顿直至吊销其快递业务经营许可证。对照《邮政市场监管行政处罚裁量基准》中适用情形,申请人所涉未经许可经营快递业务行为对应的裁量基

---

[1] 司法部行政复议司主编:《行政复议典型案例选编》(2016~2017),中国法制出版社2018年版。

准为"处十五万元以上二十万元以下罚款",对其处以十五万元罚款并无不当,恳请行政复议机关依法维持行政处罚决定。

行政复议机关根据《行政复议法实施条例》第五十条的规定,按照自愿、合法的原则,对此复议案件进行了调解,当事人达成如下协议:被申请人对申请人的行政处罚由人民币十五万元调整为十万元;申请人于协议生效之日起十五日内履行缴款义务。调解协议生效后,申请人如约缴纳了罚款,调解协议履行完毕。

【焦点问题评析】

一、关于行政处罚决定的合法性认定

《行政复议法》第二十八条规定,行政复议机关应当对被申请人作出的具体行政行为进行合法性审查。本案中,申请人未经许可经营快递业务的违法行为事实清楚,证据确凿,程序合法,适用依据正确。但根据《邮政法》第七十二条第一款规定,对本案中未经许可经营快递业务的行为,应当采取的措施包括三项:一是责令改正;二是没收违法所得;三是并处罚款。而在某邮政管理部门的处罚决定书中,仅体现了罚款,对责令改正和没收违法所得未作任何表述,被申请人的行政处罚决定存在一定瑕疵。

二、关于行政处罚决定的合理性认定

申请人提出,被申请人当年也对另外两起未经许可经营快递业务的案件作出过行政处罚,处罚金额均为5万元。复议机关调查发现,2014年至2015年上半年该省各地共对10余起未经许可经营快递业务的案件进行行政处罚,处罚金额均为5万~5.5万元,对比本案,处罚尺度明显不平衡,有违行政处罚的公平原则和比例原则。虽然被申请人对行政处罚的具体金额有一定的自由裁量权,但对违法情形基本相当、违法情节基本类似的案件,其自由裁量的幅度应当保持适当的稳定性和一致性,确保行政处罚的公平性和适当性。该案中,被申请人的自由裁量权适用存在不当。

三、行政复议案件可以依法调解

《行政复议法实施条例》第五十条规定:公民、法人或者其他组织对行政机关行使法律、法规规定的自由裁量权作出的具体行政行为不服申请行政复议的,行政复议机关可以按照自愿、合法的原则进行调解。行政复议调解制度的建立对于化解行政争议、保障公民合法权益、实现社会公正、促进依法行政有着十分重要的作用。鉴于该案是申请人就处罚金额的裁量幅度提出的复议申请,可以适用调解。(福建省邮政管理局提供)

> **第六条 【复议队伍建设】**国家建立专业化、职业化行政复议人员队伍。
>
> 行政复议机关中初次从事行政复议工作的人员,应当通过国家统一法律职业资格考试取得法律职业资格,并参加统一职前培训。
>
> 国务院行政复议机构应当会同有关部门制定行政复议执业规范,加强对行政复议人员的业务考核和管理。

2017 年行政复议法	2023 年行政复议法
第三条第二款 行政机关中初次从事行政复议的人员,应当通过国家统一法律职业资格考试取得法律职业资格。	第六条 国家建立专业化、职业化行政复议人员队伍。 行政复议机构中初次从事行政复议工作的人员,应当通过国家统一法律职业资格考试取得法律职业资格,并参加统一职前培训。 国务院行政复议机构应当会同有关部门制定行政复议人员工作规范,加强对行政复议人员的业务考核和管理。

应用提示

第六条为修改条款,主要规定了对行政复议人员的高水平要求。

全面依法治国的"十一个坚持"中指出:研究谋划新时代法治人才培养和法治队伍建设长远规划,创新法治人才培养机制,推动东中西部法治工作队伍均衡布局,提高法治工作队伍思想政治素质、业务工作能力、职业道德水准,着力建设一支忠于党、忠于国家、忠于人民、忠于法律的社会主义法治工作队伍,为加快建设社会主义法治国家提供有力人才保障。

建设高水平的行政复议队伍,主要以专业能力水平为依据,行政复议机构中初次从事行政复议工作的人员应当取得法律职业资格,并参加统一职前培训,这对新进入复议队伍的工作人员提出了较高的专业水平要求。此外,还要进行日常业务考核和管理。加强作风建设,强化政治意识与规矩意识,确保行政复议的公平与公正。

> 第七条 【后勤保障】行政复议机关应当确保行政复议机构的人员配备与所承担的工作任务相适应,提高行政复议人员专业素质,根据工作需要保障办案场所、装备等设施。县级以上各级人民政府应当将行政复议工作经费列入本级预算。

2017年行政复议法	2023年行政复议法
第三十九条 行政复议机关受理行政复议申请,不得向申请人收取任何费用。行政复议活动所需经费,应当列入本机关的行政经费,由本级财政予以保障。	第七条 行政复议机关应当确保行政复议机构的人员配备与所承担的工作任务相适应,提高行政复议人员专业素质,根据工作需要保障办案场所、装备等设施。县级以上各级人民政府应当将行政复议工作经费列入本级预算。

应用提示

第七条为新增条款。2017年《行政复议法》第三十九条规定:行政复议机关受理行政复议申请,不得向申请人收取任何费用。行政复议活动所需经费,应当列入本机关的行政经费,由本级财政予以保障。

2023年修订时,强化了对行政复议机构的相关物质保障,具体包括"根据工作需要保障办案场所、装备等设施",并且要求"县级以上各级人民政府应当将行政复议工作经费列入本级预算",体现了国家对行政复议工作的重视,既要求行政复议机关要给行政复议工作提供办案保障,还要求地方政府应给予"人、财、物",尤其是经费上的保障。

> 第八条 【信息化建设】行政复议机关应当加强信息化建设,运用现代信息技术,方便公民、法人或者其他组织申请、参加行政复议,提高工作质量和效率。

2017 年行政复议法	2023 年行政复议法
	第八条　行政复议机关应当加强信息化建设,运用现代信息技术,方便公民、法人或者其他组织申请、参加行政复议,提高工作质量和效率。

应用提示

第八条为新增条款。我们已经处在互联网时代,互联网促进了各行各业的数字化发展,数字政府也是其中应有之义。

根据《国务院关于加强数字政府建设的指导意见》,加强数字政府建设是适应新一轮科技革命和产业变革趋势、引领驱动数字经济发展和数字社会建设、营造良好数字生态、加快数字化发展的必然要求,是建设网络强国、数字中国的基础性和先导性工程,是创新政府治理理念和方式、形成数字治理新格局、推进国家治理体系和治理能力现代化的重要举措,对加快转变政府职能,建设法治政府、廉洁政府和服务型政府意义重大。加强行政复议的信息化建设,不仅有利于复议机关高效完成复议工作,更体现了便民、为民的原则。

以行政复议中高频出现的政府信息公开类案件为例,通过信息化建设,能对申请人、申请事项、复议决定等关键项进行数据归总与分析,既有利于提高行政复议工作的效率,也对法治政府的建设有所裨益。

第九条　【表彰与奖励】对在行政复议工作中做出显著成绩的单位和个人,按照国家有关规定给予表彰和奖励。

2017 年行政复议法	2023 年行政复议法
	第九条　对在行政复议工作中做出显著成绩的单位和个人,按照国家有关规定给予表彰和奖励。

应用提示

第九条为新增条款,明确规定了"对复议工作中的先进单位和个人给予表彰和奖励"。

中共中央组织部的《公务员奖励规定》(2020年修订),以《公务员法》为依据,吸收十多年来公务员奖励工作的实践经验,坚持定期奖励与及时奖励相结合,精神奖励与物质奖励相结合,以精神奖励为主的原则,对公务员奖励的原则、条件和种类、权限和程序、实施、监督等作出了全面规定。

第十条 【对复议不服的诉讼】公民、法人或者其他组织对行政复议决定不服的,可以依照《中华人民共和国行政诉讼法》的规定向人民法院提起行政诉讼,但是法律规定行政复议决定为最终裁决的除外。

2017年行政复议法	2023年行政复议法
第五条 公民、法人或者其他组织对行政复议决定不服的,可以依照行政诉讼法的规定向人民法院提起行政诉讼,但是法律规定行政复议决定为最终裁决的除外。	第十条 公民、法人或者其他组织对行政复议决定不服的,可以依照《**中华人民共和国**行政诉讼法》的规定向人民法院提起行政诉讼,但是法律规定行政复议决定为最终裁决的除外。

应用提示

行政复议和行政诉讼都是解决行政纠纷的重要途径。一旦发生行政争议,公民、法人或其他组织可以直接向人民法院提起诉讼,也可以先申请行政复议,对复议决定不服的,再向人民法院提起诉讼。

第一种,"先复议,后诉讼",享受两种救济渠道,这是最普遍的衔接方式。但要注意复议之后必须及时提起诉讼。

第二种,"直接起诉",择诉讼通道而行。在新《行政复议法》第二十三条还规定了"应当先向行政复议机关申请行政复议,对行政复议决定不服的,可以才提起行政诉讼"的五种情形(具体参见相关条款释义),即复议前置。

第三种,就是"或复议或诉讼,只能择一而为"。法律规定行政复议决定为最终裁决,公民、法人或者其他组织提起诉讼的,人民法院裁定不予立案,比如依法向国务院申请裁决的,国务院依法作出的决定是最终裁决。这个时候,申请人就要慎重选择,是通过复议解决还是通过打官司解决。

这里需要强调的是"法律规定行政复议决定为最终裁决的除外",即只有法律才能规定行政复议决定是最终裁决的才属于例外,其他诸如行政法规、规章等层级的立法是不能作如此规定的。绝大多数情形下,相对人可以享受"复议+诉讼"两种救济渠道,这也体现了对行政相对人救济权利的保障。

关联法规

《行政复议法》(2023 版)

第二十六条　对省、自治区、直辖市人民政府依照本法第二十四条第二款的规定、国务院部门依照本法第二十五条第一项的规定作出的行政复议决定不服的,可以向人民法院提起行政诉讼;也可以向国务院申请裁决,国务院依照本法的规定作出最终裁决。

《出境入境管理法》(2012 版)

第六十四条　外国人对依照本法规定对其实施的继续盘问、拘留审查、限制活动范围、遣送出境措施不服的,可以依法申请行政复议,该行政复议决定为最终决定。

其他境外人员对依照本法规定对其实施的遣送出境措施不服,申请行政复议的,适用前款规定。

《行政诉讼法》(2017 版)

第十二条　人民法院受理公民、法人或者其他组织提起的下列诉讼:

(一)对行政拘留、暂扣或者吊销许可证和执照、责令停产停业、没收违法所得、没收非法财物、罚款、警告等行政处罚不服的;

(二)对限制人身自由或者对财产的查封、扣押、冻结等行政强制措施和行政强制执行不服的;

(三)申请行政许可,行政机关拒绝或者在法定期限内不予答复,或者对行政机关作出的有关行政许可的其他决定不服的;

（四）对行政机关作出的关于确认土地、矿藏、水流、森林、山岭、草原、荒地、滩涂、海域等自然资源的所有权或者使用权的决定不服的；

（五）对征收、征用决定及其补偿决定不服的；

（六）申请行政机关履行保护人身权、财产权等合法权益的法定职责，行政机关拒绝履行或者不予答复的；

（七）认为行政机关侵犯其经营自主权或者农村土地承包经营权、农村土地经营权的；

（八）认为行政机关滥用行政权力排除或者限制竞争的；

（九）认为行政机关违法集资、摊派费用或者违法要求履行其他义务的；

（十）认为行政机关没有依法支付抚恤金、最低生活保障待遇或者社会保险待遇的；

（十一）认为行政机关不依法履行、未按照约定履行或者违法变更、解除政府特许经营协议、土地房屋征收补偿协议等协议的；

（十二）认为行政机关侵犯其他人身权、财产权等合法权益的。

除前款规定外，人民法院受理法律、法规规定可以提起诉讼的其他行政案件。

第四十四条　对属于人民法院受案范围的行政案件，公民、法人或者其他组织可以先向行政机关申请复议，对复议决定不服的，再向人民法院提起诉讼；也可以直接向人民法院提起诉讼。

法律、法规规定应当先向行政机关申请复议，对复议决定不服再向人民法院提起诉讼的，依照法律、法规的规定。

第四十五条　公民、法人或者其他组织不服复议决定的，可以在收到复议决定书之日起十五日内向人民法院提起诉讼。复议机关逾期不作决定的，申请人可以在复议期满之日起十五日内向人民法院提起诉讼。法律另有规定的除外。

第四十九条　提起诉讼应当符合下列条件：

（一）原告是符合本法第二十五条规定的公民、法人或者其他组织；

（二）有明确的被告；

（三）有具体的诉讼请求和事实根据；

（四）属于人民法院受案范围和受诉人民法院管辖。

第二章　行政复议申请

第一节　行政复议范围

第十一条　【复议范围】有下列情形之一的,公民、法人或者其他组织可以依照本法申请行政复议:

(一)对行政机关作出的行政处罚决定不服;

(二)对行政机关作出的行政强制措施、行政强制执行决定不服;

(三)申请行政许可,行政机关拒绝或者在法定期限内不予答复,或者对行政机关作出的有关行政许可的其他决定不服;

(四)对行政机关作出的关于确认自然资源的所有权或者使用权的决定不服;

(五)对行政机关作出的征收征用决定及其补偿决定不服;

(六)对行政机关作出的赔偿决定或者不予赔偿决定不服;

(七)对行政机关作出的不予受理工伤认定申请的决定或者工伤认定结论不服;

(八)认为行政机关侵犯其经营自主权或者农村土地承包经营权、农村土地经营权;

(九)认为行政机关滥用行政权力排除或者限制竞争;

(十)认为行政机关违法集资、摊派费用或者违法要求履行其他义务;

(十一)申请行政机关履行保护人身权利、财产权利、受教育权利等合法权益的法定职责,行政机关拒绝履行、未依法履行或者不予答复;

（十二）申请行政机关依法给付抚恤金、社会保险待遇或者最低生活保障等社会保障，行政机关没有依法给付；

（十三）认为行政机关不依法订立、不依法履行、未按照约定履行或者违法变更、解除政府特许经营协议、土地房屋征收补偿协议等行政协议；

（十四）认为行政机关在政府信息公开工作中侵犯其合法权益；

（十五）认为行政机关的其他行政行为侵犯其合法权益。

2017 年行政复议法	2023 年行政复议法
第六条 有下列情形之一的，公民、法人或者其他组织可以依照本法申请行政复议： （一）对行政机关作出的警告、罚款、没收违法所得、没收非法财物、责令停产停业、暂扣或者吊销许可证、暂扣或者吊销执照、行政拘留等行政处罚决定不服的； （二）对行政机关作出的限制人身自由或者查封、扣押、冻结财产等行政强制措施决定不服的； （三）对行政机关作出的有关许可证、执照、资质证、资格证等证书变更、中止、撤销的决定不服的； （四）对行政机关作出的关于确认土地、矿藏、水流、森林、山岭、草原、荒地、滩涂、海域等自然资源的所有权或者使用权的决定不服的； （五）认为行政机关侵犯合法的经营自主权的；	第十一条 有下列情形之一的，公民、法人或者其他组织可以依照本法申请行政复议： （一）对行政机关作出的行政处罚决定不服； （二）对行政机关作出的行政强制措施、行政强制执行决定不服； （三）申请行政许可，行政机关拒绝或者在法定期限内不予答复，或者对行政机关作出的有关行政许可的其他决定不服； （四）对行政机关作出的确认自然资源的所有权或者使用权的决定不服； （五）对行政机关作出的征收征用决定及其补偿决定不服； （六）对行政机关作出的赔偿决定或者不予赔偿决定不服； （七）对行政机关作出的不予受理工伤认定申请的决定或者工伤认定结论不服；

第二章 行政复议申请　17

（六）认为行政机关变更或者废止农业承包合同，侵犯其合法权益的；

（七）认为行政机关违法集资、征收财物、摊派费用或者违法要求履行其他义务的；

（八）认为符合法定条件，申请行政机关颁发许可证、执照、资质证、资格证等证或者申请行政机关审批、登记有关事项，行政机关没有依法办理的；

（九）申请行政机关履行保护人身权利财产权利、受教育权利的法定职责，行政机关没有依法履行的；

（十）申请行政机关依法发放抚恤金、社会保险金或者最低生活保障费，行政机关没有依法发放的；

（十一）认为行政机关的其他具体行政行为侵犯其合法权益的。

（八）认为行政机关侵犯其经营自主权或者农村土地承包经营权、农村土地经营权；

（九）认为行政机关滥用行政权力排除或者限制竞争；

（十）认为行政机关违法集资、摊派费用或者违法要求履行其他义务；

（十一）申请行政机关履行保护人身权利、财产权利、受教育权利等合法权益的法定职责，行政机关拒绝履行、未依法履行或者不予答复；

（十二）申请行政机关依法给付抚恤金、社会保险待遇或者最低生活保障等社会保障，行政机关没有依法给付；

（十三）认为行政机关不依法订立、不依法履行、未按照约定履行或者违法变更、解除政府特许经营协议、土地房屋征收补偿协议等行政协议；

（十四）认为行政机关在政府信息公开工作中侵犯其合法权益；

（十五）认为行政机关的其他行政行为侵犯其合法权益。

▎应用提示 ●●●●●●

第十一条行政复议范围是行政复议制度的核心与关键条款。公民、法人或者其他组织认为行政机关的行政行为侵犯其合法权益的，可以提出行政复议申请,从而启动行政复议程序。但在实践生活中,具体有哪些被高频审查的行政行为?或者说相对人认为行政机关的何种行为侵犯了自己的何种合法权益?本条通过列举的方式回答了实践中常见的行政复议场景,原来为十一项,现增加为十四项及一项兜底条款。从具体行政行为的角度来解读,具体包括:

1. 行政处罚

行政处罚,是指行政机关依法对违反行政管理秩序的公民、法人或者其他组织,以减损权益或者增加义务的方式予以惩戒的行为。行政处罚的种类包括但不限于行政拘留、暂扣或者吊销许可证和执照、责令停产停业、没收违法所得、没收非法财物、罚款、警告等典型行政处罚行为。

相关规定:《行政处罚法》。

2. 行政强制

行政强制包括行政强制措施和行政强制执行。

所谓行政强制措施,是指行政机关在行政管理过程中,为制止违法行为、防止证据损毁、避免危害发生、控制危险扩大等情形,依法对公民的人身自由实施暂时性限制,或者对公民、法人或者其他组织的财物实施暂时性控制的行为。行政强制措施包括:(1)限制公民人身自由;(2)查封场所、设施或者财物;(3)扣押财物;(4)冻结存款、汇款;(5)其他行政强制措施。

所谓行政强制执行,是指行政机关或者行政机关申请人民法院,对不履行行政决定的公民、法人或者其他组织,依法强制履行义务的行为。行政强制执行包括:(1)加处罚款或者滞纳金;(2)划拨存款、汇款;(3)拍卖或者依法处理查封、扣押的场所、设施或者财物;(4)排除妨碍、恢复原状;(5)代履行;(6)其他强制执行方式。

相关规定:《行政强制法》。

3. 行政许可

行政许可,是指行政机关根据公民、法人或者其他组织的申请,经依法审查,准予其从事特定活动的行为。行政许可的设定和实施,应当依照法定的权限、范围、条件和程序,应当遵循公开、公平、公正、非歧视的原则。公民、法人或者其他组织对行政机关实施行政许可,享有陈述权、申辩权;有权依法申请行政复议或者提起行政诉讼;其合法权益因行政机关违法实施行政许可受到损害的,有权依法要求赔偿。

相关规定:《行政许可法》。

4. 行政机关确认自然资源的所有权或使用权

新《行政复议法》第二十三条明确规定了自然资源确权类案件需要遵循"复议优先"的原则,即公民、法人或者其他组织对行政机关作出的侵犯其已经依法取得的自然资源的所有权或者使用权的决定不服,应当先申请行政复议;对行政复议决定不服的,可以再依法向人民法院提起行政诉讼。

该条规范的具体行政行为为"行政确认行为",调整的对象、针对的行政事务均为土地、矿藏、水流、森林、山岭、草原、荒地、滩涂、海域等自然资源的所有权或者使用权——简称九大自然资源所有权和使用权,其中还涉及行政复议与行政诉讼的选择与衔接问题,理解起来比较复杂。

相关规定:《自然资源统一确权登记暂行办法》《行政复议法》《土地管理法》《矿产资源法》《最高人民法院行政审判庭关于行政机关颁发自然资源所有权或者使用权证的行为是否属于确认的行政行为》等。

5. 征收、征用决定及其补偿决定

征收,是指行政机关为了公共利益的需要,依法将公民、法人或其他组织的财物收归国有的行政行为;征用,是指行政机关为了公共利益的需要,依法强制使用公民、法人或其他组织财物的行政行为。无论是征收还是征用,都是对公民财产权益的重大限制,法律为强化对公民合法权利的保护,规定了征收、征用应当依照法律规定的权限和程序,并且应当按照国家规定给予补偿;没有国家规定的,应当给予合理补偿。公民、法人或者其他组织对行政机关作出的征收征用决定及其补偿决定不服的,可以申请行政复议。

相关规定:《国有土地上房屋征收与补偿条例》《民法典》《土地管理法》等。

6. 行政赔偿决定

针对原来复议制度吸纳行政争议的入口偏窄,部分行政争议无法进入行政复议渠道有效解决的问题,新《行政复议法》将对行政机关作出的赔偿决定或者不予赔偿决定不服的案件纳入行政复议的范围,有利于充分保障申请人的合法权益。

7. 行政机关侵犯经营自主权

经营自主权是法律赋予企业、个体经营者等市场主体的法定权利。经营自主权是建立社会主义市场经济的内在要求,是深化经济体制改革的重要环节。因此,市场主体的经营自主权受法律保护,行政机关干预市场主体的经营,侵犯企业合法的经营自主权的,市场主体可以申请行政复议。如政府部门超越权限,强令或者限制民营企业生产的,企业有权对此行为申请行政复议。

8. 行政性垄断

行政性垄断,是指行政机关滥用行政权力排除或者限制竞争的行为,例如,通过与经营者签订合作协议、备忘录等方式排除、限制竞争,妨碍商品在地区之间自由流通,排斥或者限制经营者参加招投标等经营活动,排斥或者限制在本地投资或者设立分支机构,强制经营者从事垄断行为,以及制定含有排除、限制竞争内容的规定等《反垄断法》第五章规定的违法行为。行政机关违反相关法律法规的,经营者可以申请行政复议。

相关规定:《反垄断法》《制止滥用行政权力排除、限制竞争行为规定》。

9. 行政机关违法设定义务

根据依法行政的原则,行政机关作出行政行为或要求公民、法人或其他组织履行义务,必须有法律、法规的依据。

10. 不履行法定职责

公民、法人或其他组织认为行政机关有特定作为义务而不作为,从而影响自己的权利义务时,有权申请行政复议。从法律规定看,不履行法定职责有两种方式:拒绝履行和不予答复。例如当事人向公安机关报案称其人身安全受到威胁,但公安机关未予立案或没采取有关措施,导致公民人身权益受到损害的,当事人有权就公安机关不履行法定职责申请行政复议。

此外,公民、法人或其他组织"认为行政机关没有依法支付抚恤金、最低生活保障待遇或者社会保险待遇的",也可以依法申请行政复议。

11. 行政协议

公民、法人或其他组织认为行政机关不依法履行、未按照约定履行或者违法变更、解除政府特许经营协议、土地房屋征收补偿协议等协议的,可以申请行政复议。

相关规定:《最高人民法院关于审理行政协议案件若干问题的规定》。

12. 政府信息公开

公民、法人或其他组织认为行政机关在政府信息公开工作中侵犯其合法权益的,可以依法申请行政复议。政府信息公开诉讼案件在行政诉讼案件中占比很大,大量的政府信息公开诉讼不仅增加司法机关的负担,也使行政机关陷入大量诉讼案件中。新《行政复议法》第二十三条在最终审议时专门增加了一项,将政府信息公开的案件中"申请政府信息公开,行政机关不予公开"的情形纳入行政复议前置的范围,有利于保障政府运行的高效,并且及时解决政府信息公开的行政纠纷。

13. 认为行政机关侵犯其他人身权、财产权等合法权益

该条为兜底条款,该条所说的"合法权益"既包括现行立法所规定的各种权利,也包括现行立法并未明确规定但法律应予以保护的种种合法利益。

相关规定:《宪法》《民法典》等。

典型案例

杨某诉成都市人民政府其他行政纠纷案(最高人民法院公报案例)

【裁判摘要】

行政机关驳回当事人申诉的信访答复,属于行政机关针对当事人不服行政行为的申诉作出的重复处理行为,并未对当事人的权利义务产生新的法律效果,不是《行政复议法》所规定的可以申请行政复议的行政行为。当事人不服行政机关作出的上述信访答复,申请行政复议,接受申请的行政复议机关作出不予受理决定,当事人不服该决定,诉请人民法院判决撤销该不予受理决定的,人民法院不予支持。

【争议焦点】

原告杨某因不服成都市教育局作出的信访答复,向被告成都市人民政府提出的行政复议申请,是否属于行政复议受理范围。

【基本案情】

原告:杨某

被告:四川省成都市人民政府

原告杨某因与被告四川省成都市人民政府(以下简称成都市政府)发生其他行政纠纷,向四川省成都市中级人民法院提起行政诉讼。

原告杨某诉称:原告系原成都市第五中学(现为成都列五中学)职工,该校以1992年就已对原告作"除名处理"为由,拒绝给原告安排工作、发放工资,还强行收缴原告住房,但长期不向原告送达相关处理文书,其行为严重侵犯原告的人身权、财产权。为此,原告于2005年向成都市教育局申诉。成都市教育局于2005年5月20日以其办公室的名义向原告作出信访回复,称原成都市教育委员会(成都市教育局的前身)已于1992年作出《对成都市第五中学〈关于对我校职工杨某作除名处理的报告〉的批复》,并认为该批复符合法律规定。原告不服,向四川省教育厅申诉,四川省教育厅责令成都市教育局复查。成都市教育局又于2005年8月18日再次给予原告信访答复,答复内容与前次信访回复一致。原告仍不服该信访答复,于2005年9月9日向被告成都市政府提出行政复议申请,请求成都市政府就该信访答复所涉及的事项作出行政复议。成都市政府收到复议申请后,认为原告的复议申请不符合行政复议的受理条件,于2005年9月13日作出成府复不字(2005)第6号不予受理决定。原告认为,成都市教育局对原告作出的信访答复是具有行政确认和行政处理性质的申诉处理决定,对原告的人身权、财产权有严重影响,而不是一种单纯的"解释、说明",故原告依法向成都市政府提起的行政复议申请,完全符合《行政复议法》第六条第(九)、(十一)项关于行政复议受案范围的规定。成都市政府在没有向原告正确说明理由和依据的情况下,对这种明显属于依法可申请行政复议的案件作出不予受理决定,忽视了宪法赋予公民的救济权,剥夺了可供原告选择的法定救济机会。该不予受理决定与有关法律、法规的规定明显不符,适用法律、法规明显错误。故请求法院判决撤销成都市政府作出的成府复不字(2005)第6号不予受理决定。

被告成都市政府辩称:根据《行政复议法》的相关规定,行政复议是一项旨在对具体行政行为进行监督的制度。由于原告杨某申请行政复议针对的事项是成都市教育局作出的信访答复,该信访答复不是成都市教育局作出的具体行政行为,因此杨某的申请依法不属于行政复议的受理范围。请求法院依法驳回杨某的诉讼请求,维持成都市政府对杨某的行政复议申请作出的不予受理决定。

被告成都市政府在法定举证期限内向法院提交了作出被诉不予受理决定的相关证据材料和法律依据,成都市中级人民法院依职权调取了相关证据(注:一审法院依职权调取的证据在二审中未被采纳,二审法院认为上述证据被上诉人成都市政府在行政程序中没有收集和使用,没有将其作为作出不予受理决定的事实依据。上述证据亦未在一审庭审中予以出示和质证。因此,不能作为本案的定案依据)。

成都市中级人民法院一审认为:原成都市教育委员会(现成都市教育局)于1992年批复同意原成都市第五中学对原告杨某作除名处理,时隔13年之后,原告杨某就自己被除名一事先后到成都市教育局、四川省教育厅信访申诉,成都市教育局针对杨某的申诉最终作出信访答复,认为当年原成都市教育委员会作出的批复符合相关规定。杨某对该信访答复不服,向被告成都市政府提出的行政复议申请,不属于行政复议受理范围。行政复议的受理范围,应当是行政机关作出的影响公民、法人及其他组织的权利义务关系的具体行政行为。本案中,成都市教育局作出的信访答复,对原告杨某的现实权利义务状态并未产生新的影响,亦未改变原有的行政法律关系,属于行政机关驳回当事人对具体行政行为提起申诉的重复处理行为。行政机关驳回当事人就具体行政行为提出的申诉请求,实际上仅是告知当事人该具体行政行为正确,并说明当事人就该具体行政行为提出的申诉请求依法不应支持。驳回当事人申诉的信访答复既没有改变原有行政法律关系,也没有形成新的行政法律关系,对当事人的权利义务没有产生新的影响,故不属于行政复议的受理范围。

综上,被告成都市政府作出的成府复不字(2005)第6号行政复议不予受理决定认定事实清楚,证据充分,适用法律正确,程序合法,应予维持。

杨某不服一审判决,向四川省高级人民法院提起上诉。

四川省高级人民法院认为本案争议焦点仍然是上诉人杨某因不服成都市教育局作出的信访答复,向被上诉人成都市政府提出的行政复议申请,是否属于行政复议受理范围。

二审认为:《行政复议法》规定了申请行政复议的期限,而当事人向有关行政机关申诉并没有相应的时效限制。如果将行政机关驳回当事人对具体行政行为提起的申诉的重复处理行为视为新的具体行政行为,则无论是否在法律规定的期间内,当事人都可以通过申诉启动行政复议程序,即"申诉—驳回申诉的重复处理行为—对该重复处理行为申请行政复议—行政复议或者再申诉"的重复循环,这样必将导致行政复议申请期限失去意义,影响行政行为的稳定性,影响行政机关依法行政。最终判决,被上诉人成都市政府针对杨某提出的行政复议申请作出的不予受理决定正确,杨某关于其申请行政复议的事项符合行政复议受理条件的上诉理由不能成立。一审判决认定事实清楚,适用法律正确,审判程序合法,应予维持。

第十二条 【复议范围的排除】下列事项不属于行政复议范围：

（一）国防、外交等国家行为；

（二）行政法规、规章或者行政机关制定、发布的具有普遍约束力的决定、命令等规范性文件；

（三）行政机关对行政机关工作人员的奖惩、任免等决定；

（四）行政机关对民事纠纷作出的调解。

2017年行政复议法	2023年行政复议法
第八条 不服行政机关作出的行政处分或者其他人事处理决定的，依照有关法律、行政法规的规定提出申诉。 不服行政机关对民事纠纷作出的调解或者其他处理，依法申请仲裁或者向人民法院提起诉讼。	第十二条 下列事项不属于行政复议范围： （一）国防、外交等国家行为； （二）行政法规、规章或者行政机关制定、发布的具有普遍约束力的决定、命令等规范性文件； （三）行政机关对行政机关工作人员的奖惩、任免等决定； （四）行政机关对民事纠纷作出的调解。

应用提示 ●●●●●●

第十二条对原第八条的内容进行了吸纳与更新，明确"行政机关对行政机关工作人员的奖惩、任免等决定"以及"行政机关对民事纠纷作出的调解"的两大事项不属于行政复议范围，并新增"国防、外交等国家行为""行政法规、规章或者行政机关制定、发布的具有普遍约束力的决定、命令等规范性文件"这两大事项亦不属于行政复议范围，如上共计四类事项，均不属于行政复议的范围，不能通过行政复议程序来解决。

须强调的是，对于行政机关制定、发布的具有普遍约束力的决定、命令等规范性文件，相对人不能单独提起行政复议，但可以因为不服行政机关依据这些规范性文件作出行政行为，从而对这些规范性文件提出附带性审查，这一点行政诉讼中有类似规则，在本法第十三条中也予以了具体的规定。

1. 国家行为

国家行为是指国务院、中央军事委员会、国防部、外交部等根据宪法和法律的授权,以国家的名义实施的有关国防和外交事务的行为,以及经宪法和法律授权的国家机关宣布紧急状态等行为。公民、法人或者其他组织就国家行为申请行政复议的,复议机关不予受理。

2. 抽象行政行为

本条所规定的"具有普遍约束力的决定、命令"是指行政机关针对不特定对象发布的能反复适用的规范性文件,即学理上所称的"抽象行政行为"。相较于具体行政行为而言,抽象行政行为是指行政机关在行政管理中,针对不特定的人和事制定可以反复适用的规范性文件的活动。抽象行政行为并不直接对具体人或事作出处理,属于行政立法范畴,因此不能针对其提起单个的行政诉讼或者行政复议。如果抽象行为行为属于立法层级较低的规范性文件(俗称"红头文件"),那么我们可以在针对具体行政行为申请行政复议的同时,要求复议机关对它依据的"红头文件"予以一并审查。

3. 内部行为

行政机关作出的涉及行政机关工作人员公务员权利义务的决定属于行政机关内部行为,如奖惩、处分等。该类内部行为由行政机关内部制定的规则进行规范,公务员就内部行为提起行政复议的,复议机关不予受理。

4. 行政调解

行政调解是指具有调解纠纷职能的国家行政机关主持的,根据国家政策、法律,以自愿为原则,在分清责任,明辨是非的基础上,通过说服教育,促使双方当事人互谅互让,从而达成协议解决纠纷的活动。行政调解的结果不属于行政行为,因此相对人不能就行政机关对民事纠纷作出的调解申请行政复议。

第十三条 【规范性文件的附带审查】公民、法人或者其他组织认为行政机关的行政行为所依据的下列规范性文件不合法,在对行政行为申请行政复议时,可以一并向行政复议机关提出对该规范性文件的附带审查申请:
（一）国务院部门的规范性文件;
（二）县级以上地方各级人民政府及其工作部门的规范性文件;
（三）乡、镇人民政府的规范性文件;
（四）法律、法规、规章授权的组织的规范性文件。
前款所列规范性文件不含规章。规章的审查依照法律、行政法规办理。

2017年行政复议法	2023年行政复议法
第七条 公民、法人或者其他组织认为行政机关的**具体**行政行为所依据的下列**规定**不合法,在对**具体**行政行为申请行政复议时,可以一并向行政复议机关提出对该**规定**的审查申请: （一）国务院部门的**规定**; （二）县级以上地方各级人民政府及其工作部门的**规定**; （三）乡、镇人民政府的**规定**。 前款所列**规定**不含**国务院部、委员会规章和地方人民政府**规章。规章的审查依照法律、行政法规办理。	第十三条 公民、法人或者其他组织认为行政机关的行政行为所依据的下列**规范性文件**不合法,在对行政行为申请行政复议时,可以一并向行政复议机关提出对该**规范性文件**的附带审查申请: （一）国务院部门的**规范性文件**; （二）县级以上地方各级人民政府及其工作部门的**规范性文件**; （三）乡、镇人民政府的**规范性文件**; （四）**法律、法规、规章授权的组织的规范性文件**。 前款所列**规范性文件**不含规章。规章的审查依照法律、行政法规办理。

应用提示

第十三条将原条文中的"规定"一词明确修改为"规范性文件",用语更加严谨。同时明确法律、法规、规章授权的组织也可能制定规范性文件,而这些文件可以在行政复议程序中被一并提起附带审查。本条明确了规范性文件的制定主体,也明确了行政复议机关可以一并对这些主体制定的规范性文件予以审查,体现了行政复议的内部监督功能。

此外,本条还强调了"规章不属于规范性文件",无论是国务院部门规章还是地方政府规章,对于规章的审查,应依照法律、行政法规办理。

行政规范性文件俗称"红头文件",在行政体系运行中意义非凡。从学理上解读,是除国务院的行政法规、决定、命令以及部门规章和地方政府规章外,由行政机关或者经法律、法规授权的具有管理公共事务职能的组织(以下统称行政机关)依照法定权限、程序制定并公开发布,涉及公民、法人和其他组织权利义务,具有普遍约束力,在一定期限内反复适用的公文。行政机关在作出行政行为的时候,一般都要有具体的依据,如果法律、法规及规章的规定相对模糊,或者自由裁量部分比较大,往往会根据相应的省、市、区、县或者相应部门的规范性文件作出行政行为,有的还会把具体的条文依据写到文书中。公民、法人或其他组织认为行政机关的行政行为不合法、不合理,所依据的规范性文件也可能涉及不合法、不合理的问题,公民、法人或者其他组织对行政行为申请行政复议时,可以一并向行政复议机关提出审查该规范性文件。如此一来,相当于要求行政复议机关除了审查"行政行为",还要审查其"执法依据",威力更大。

第二节 行政复议参加人

第十四条 【复议申请人】依照本法申请行政复议的公民、法人或者其他组织是申请人。

有权申请行政复议的公民死亡的,其近亲属可以申请行政复议。有权申请行政复议的法人或者其他组织终止的,其权利义务承受人可以申请行政复议。

> 有权申请行政复议的公民为无民事行为能力人或者限制民事行为能力人的,其法定代理人可以代为申请行政复议。

2017年行政复议法	2023年行政复议法
第十条第一款、第二款　依照本法申请行政复议的公民、法人或者其他组织是申请人。 有权申请行政复议的公民死亡的,其近亲属可以申请行政复议。有权申请行政复议的公民为无民事行为能力人或者限制民事行为能力人的,其法定代理人可以代为申请行政复议。有权申请行政复议的法人或者其他组织终止的,承受其权利的法人或者其他组织可以申请行政复议。	第十四条　依照本法申请行政复议的公民、法人或者其他组织是申请人。 有权申请行政复议的公民死亡的,其近亲属可以申请行政复议。有权申请行政复议的法人或者其他组织终止的,其权利**义务承受人**可以申请行政复议。 有权申请行政复议的公民为无民事行为能力人或者限制民事行为能力人的,其法定代理人可以代为申请行政复议。

应用提示

第十四条是关于行政复议申请人的相关规定,基本沿袭了原来的规定,但更为精炼。

行政复议申请人是指认为自己的合法权益受到行政行为的不利影响,对该行政行为不服,依据法律、法规的规定向行政复议机关申请行政复议的公民、法人或其他组织。根据具体场景,列表如下:

情形	申请人	参加人
有权申请行政复议的公民死亡	近亲属	近亲属
有权申请行政复议的公民为无或限制民事行为能力人	法定代理人	法定代理人
有权申请行政复议的法人或者其他组织终止	承受其权利的法人或者其他组织	承受其权利的法人或者其他组织

续表

情形	申请人	参加人
合伙企业	核准登记的企业	执行合伙事务的合伙人
其他合伙组织	合伙人共同申请	执行合伙事务的合伙人
股份制企业的股东大会、股东代表大会、董事会认为行政机关作出的具体行政行为侵犯企业合法权益	以企业名义	主要负责人

第十五条 【代表人复议】同一行政复议案件申请人人数众多的,可以由申请人推选代表人参加行政复议。

代表人参加行政复议的行为对其所代表的申请人发生效力,但是代表人变更行政复议请求、撤回行政复议申请、承认第三人请求的,应当经被代表的申请人同意。

2017年行政复议法	2023年行政复议法
	第十五条 同一行政复议案件申请人人数众多的,可以由申请人推选代表人参加行政复议。 代表人参加行政复议的行为对其所代表的申请人发生效力,但是代表人变更行政复议请求、撤回行政复议申请、承认第三人请求的,应当经被代表的申请人同意。

应用提示 ●●●●●●

第十五条为新增条款,主要规定了"代表人复议"制度,这一概念是从民事诉讼法代表人诉讼中学习借鉴而来。

代表人诉讼制度是共同诉讼制度与诉讼代理制度相融合的产物,代表人诉讼制度的特点是:不论诉讼当事人人数如何众多,都由其代表人进行诉讼,从而简化诉讼程序,节省诉讼资源,有利于及时解决纠纷,有利于统一法律适用。

复议代表人的选择是非常重要的,当申请人数达到一定规模,并且争议事项相同,复议机关也可以建议推举出若干代表人,由代表人代表大家整合意见参加并推进复议程序。这里需要注意的是,诉讼代表人首先必须是当事人中的一员,并且由众多当事人一方推选产生,因此诉讼代表人的诉讼行为,会对其所代表的当事人发生法律效力。但是,诉讼代表人变更、放弃诉讼请求、承认对方当事人诉讼请求、进行和解的,应当经被代表当事人的同意。

新的行政复议法借鉴并将代表人诉讼制度引入了行政复议之中,有利于提高行政复议工作的效率。

> **第十六条 【复议第三人】**申请人以外的同被申请行政复议的行政行为或者行政复议案件处理结果有利害关系的公民、法人或者其他组织,可以作为第三人申请参加行政复议,或者由行政复议机构通知其作为第三人参加行政复议。
>
> 第三人不参加行政复议,不影响行政复议案件的审理。

2017 年行政复议法	2023 年行政复议法
第十条第三款 同申请行政复议的**具体**行政行为有利害关系的其他公民、法人或者其他组织,可以作为第三人参加行政复议。	第十六条 申请人以外的同被申请行政复议的行政行为**或者行政复议案件处理结果**有利害关系的公民、法人或者其他组织,可以作为第三人**申请**参加行政复议,**或者由行政复议机构通知其作为第三人参加行政复议**。 第三人不参加行政复议,不影响行政复议案件的审理。

应用提示

第十六条是关于行政复议中第三人制度的规定,对原行政复议中的第三人范围进行了扩大规定,除了"与被申请行政复议的行政行为有利害关系",增加了"或者与案件处理结果有利害关系"的情形,更为严谨。

复议申请人以及被申请人是行政复议中两个最重要的主体,也是对抗关系,犹如行政诉讼中的"原告与被告"。除此之外,行政争议中还可能存在第三人,因与被申请行政复议的行政行为或者案件处理结果存在利害关系,从而参与到复议程序中。第三人参与到行政复议程序之中,有利于查明事实,精准定性,定分止争。

第三人参与行政复议的方式主要有两种:

一是"被通知参加"。行政复议期间,行政复议机构认为申请人以外的公民、法人或者其他组织与被审查的具体行政行为有利害关系的,可以通知其作为第三人参加行政复议。

二是"主动申请参加"。行政复议期间,申请人以外的公民、法人或者其他组织与被审查的具体行政行为有利害关系的,也可以向行政复议机构申请作为第三人参加行政复议。

当然,第三人不参加行政复议的,并不影响行政复议案件的审理。

典型案例

甲村乙社不服丙区政府土地纠纷处理决定案(司法部行政复议司发布)[1]

申请人:甲村乙社

被申请人:丙区政府

第三人:丁村

申请人不服被申请人作出的因其与第三人之间土地所有权争议的处理决定,向行政复议机关申请行政复议。

申请人认为,甲村 1980 年从丁村划分出来时,两村土地仍以村内各社原有土地为界,存在土地交错问题。甲村大部分社土地在总干渠以北,但甲村乙社包括争议土地在内的诸多土地在总干渠以南。丙区政府土地争议处理决定

---

[1] 司法部行政复议司主编:《行政复议典型案例选编》(2016~2017),中国法制出版社 2018 年版。

仅凭过去乡村干部的证明就认定当年两村划界以总干渠为界,并将本属于甲村乙社位于总干渠南新春排干渠以西临近丁村旧村部的50余亩土地确定给丁村所有,是没有事实依据的简单认定,不能成立。村划界应当有界限协议书或相应文件记载,应当有土地航拍图或一调二调图作为原始依据。而且丙区政府认定2012年农村土地确权登记发证中将争议土地登记为丁村所有,也与事实不符,证据不足。请求复议机关依法撤销丙区政府作出的土地争议处理决定。

被申请人认为,甲村1980年从丁村划分出来,两村以总干渠为界,渠南为丁村,渠北为甲村,当时明确耕地无论划分在哪个村,原来属于哪个村耕种的仍归哪个村所有,荒地则按村界确定所有权,两村村民不得在对方界内开荒耕种。1985年丁村筹建学校,将位于总干渠南、新春排干渠西侧的一片荒地划给学校作操场用地,但因生源少,操场一直闲置。1988年至2015年年初丁村将该片土地先后承包给本村村民开垦耕种。2012年农村土地确权登记中,该片土地已登记在丁村界内。但2015年3月,甲村乙社村民集体抢种该片土地,引发土地争议。经丁村委托土地勘测机构勘测,争议土地面积68.14亩。经区国土部门调查取证并上报处理意见,丙区政府审查认定该争议土地属丁村集体所有,依法作出处理决定正确。

第三人认为,被申请人所作土地权属争议处理决定,事实依据充分,合法有效。

行政复议机关认为,经两次实地勘查和组织听证审查证据,查明被申请人作出的土地权属争议处理决定中关于"两村划界只是对荒地权属进行划定"的结论,并无确凿史料证实,且对争议土地现状位置没有查明实情;对争议地确权的权源资料证据不足,被申请人提交的权源资料证据,主要是丁村自行提供的证人自述材料、与村民签订的《土地承包合同书》及并不完整的所有权档案和丁村委托测绘公司以丁村项目用地勘界为名,单方指界对争议地(旧学校西南)进行的勘界报告等,这些证据作为争议地权源证据,证明力不足;此外,认定该争议土地自1988年以后一直由丁村行使经营管理权,并无充足依据。故复议机关认为被申请人作出的土地权属争议处理决定,认定事实不清,证据不足,依法作出了撤销该行政行为并责令其依照法定程序重新作出处理决定的复议决定。此案申请人及第三人均未起诉,被申请人按照复议决定要求,组织国土部门重新进行了调查处理。

【焦点问题评析】

本案的焦点是:丙区政府作出的土地权属争议处理决定认定事实是否清楚,证据是否确凿;复议机关可否直接适用《行政复议法实施条例》第四十七条第二项规定作出变更决定。

复议机关受理本案后,申请人就其诉求主张提交了甲村村支书以村委会名义出具的争议地归属乙社所有的证明材料作为证据。被申请人在规定期限内提交了答复意见及当初作出土地权属争议处理决定的证据材料,包括所属国土部门的报审意见。经书面审理认为,双方就争议地源证据存在重大争议,且争议地历史及现状极为复杂,完全还原客观真实几无可能,只能依靠对证据的审查判断,最大限度呈现法律真实,并据此对被申请人作出的处理决定的合法性、适当性予以评判。本案中,被申请人提交了四组证据。第一组:1980年两村划界时任乡党委书记、包村干部及丁村部分干部村民的自述证明材料,以证明两村以总干渠为界,渠南渠北荒地分属两村,村内各社耕地则保留原状。但其并未证明争议地历史性状及权属依据。第二组:2012年农村土地确权登记时的两村相邻宗地草图及土地权属界线协议书等地籍资料。但因并不是完整的两村土地所有权档案,不足以证明客观事实。第三组:测绘设计公司的土地勘测定界技术报告及宗地图,勘测争议土地面积 68.14 亩。但因系丁村单方指界并以建设项目用地名义委托测绘公司所为,缺乏客观性。第四组:2005年丁村村委会与本村村民签订的土地承包合同及收据。同样不足以证明争议地历史性状与权属依据。鉴于此,复议机构依法通知丁村作为第三人参加行政复议,并两次组织当事人及区、镇国土部门实地勘查,形成各方签字确认的勘查笔录、争议地界址草图和调查笔录。随后组织了听证会,通过举证质证、辩论陈述,进一步反映出被申请人对两村土地界址点走向认定不清、识图不明、争议地权源证据不足导致误判的问题。因其所作处理决定认定事实不清,依法应予撤销。

本案原行政行为认定事实不清、证据不足,但复议机关不宜直接作出变更决定。依照《行政复议法实施条例》第四十七条第二项规定,行政复议机关作出变更决定的前提条件是经审理查明事实清楚,证据确凿。否则,复议机关无法准确判断原行政行为应如何变更。复议机关对原行政行为作出变更决定,是对其实体内容的变更,主要是指原行政行为的内容明显不当或适用依据错误,这也必须以查明事实、掌握证据为前提。复议机关履行审查监督职责,只能全面复核证据而不能直接替代被申请人调查取证,特别是有关土地争议权源证据,形式多样,形成情况复杂,专业性较强,依法应由国土部门通过法定程序调取和认定。因此,复议机关依法决定撤销被申请人作出的处理决定,同时责令其重新进行调查取证和处理,更为妥当。(内蒙古巴彦淖尔市人民政府法制办公室提供)

> 第十七条 【委托代理人】申请人、第三人可以委托一至二名律师、基层法律服务工作者或者其他代理人代为参加行政复议。
> 申请人、第三人委托代理人的,应当向行政复议机构提交授权委托书、委托人及被委托人的身份证明文件。授权委托书应当载明委托事项、权限和期限。申请人、第三人变更或者解除代理人权限的,应当书面告知行政复议机构。

2017年行政复议法	2023年行政复议法
第十条第五款 申请人、第三人可以委托代理人代为参加行政复议。	第十七条 申请人、第三人可以委托一至二名律师、基层法律服务工作者或者其他代理人代为参加行政复议。 申请人、第三人委托代理人的,应当向行政复议机构提交授权委托书、委托人及被委托人的身份证明文件。授权委托书应当载明委托事项、权限和期限。申请人、第三人变更或者解除代理人权限的,应当书面告知行政复议机构。

应用提示

第十七条具体规定了行政复议中的代理人制度。

修改后的条款更为明确,指出申请人、第三人可以委托一至二名代理人参加行政复议,但是代理人只有三类:(1)律师;(2)基层法律服务工作者;(3)其他代理人。

根据委托程序,申请人、第三人委托代理人的,应当向行政复议机构提交《授权委托书》,《授权委托书》应当载明委托事项、权限和期限。申请人、第三人变更或者解除委托的,应当书面报告行政复议机构。

这意味着如果要变更或者解除代理人权限,其必须提交书面的《变更/解除委托书》给行政复议机构。

第十八条 【法律援助】符合法律援助条件的行政复议申请人申请法律援助的,法律援助机构应当依法为其提供法律援助。

2017 年行政复议法	2023 年行政复议法
	第十八条 符合法律援助条件的行政复议申请人申请法律援助的,法律援助机构应当依法为其提供法律援助。

应用提示

第十八条为新增条文,明确在行政复议中引入法律援助制度,体现了行政复议便民、为民的制度宗旨。法律援助是国家建立的为经济困难公民和符合法定条件的其他当事人无偿提供法律咨询、代理等法律服务的制度,是公共法律服务体系的组成部分。行政复议机关在受理行政复议申请时,应当主动告知符合行政复议法律援助条件的申请人有申请行政复议法律援助的权利。

第十九条 【复议被申请人】公民、法人或者其他组织对行政行为不服申请行政复议的,作出行政行为的行政机关或者法律、法规、规章授权的组织是被申请人。

两个或者两个以上行政机关以共同的名义作出同一行政行为的,共同作出行政行为的行政机关是被申请人。

行政机关委托的组织作出行政行为的,委托的行政机关是被申请人。

作出行政行为的行政机关被撤销或者职权变更的,继续行使其职权的行政机关是被申请人。

2017 年行政复议法	2023 年行政复议法
第十条第四款 公民、法人或者其他组织对行政机关的具体行政行为不服申请行政复议的,作出具体行政行为的行政机关是被申请人。 第十五条第一款第四项、第五项 对本法第十二条、第十三条、第十四条规定以外的其他行政机关、组织的具体行政行为不服的,按照下列规定申请行政复议： (四)对两个或者两个以上行政机关以共同的名义作出的具体行政行为不服的,向其共同上一级行政机关申请行政复议； (五)对被撤销的行政机关在撤销前所作出的具体行政行为不服的,向继续行使其职权的行政机关的上一级行政机关申请行政复议。	第十九条 公民、法人或者其他组织对行政行为不服申请行政复议的,作出行政行为的行政机关或者法律、法规、规章授权的组织是被申请人。 两个以上行政机关以共同的名义作出同一行政行为的,共同作出行政行为的行政机关是被申请人。 行政机关委托的组织作出行政行为的,委托的行政机关是被申请人。 作出行政行为的行政机关被撤销或者职权变更的,继续行使其职权的行政机关是被申请人。

应用提示

本条规定了行政复议的被申请人,被申请人是指其行政行为被申请人指控违法并侵犯申请人合法权益的行政机关或经授权的组织。本条明确规定了各种具体场景下的被申请人,具体列表如下：

作出行政行为的机关	被申请人
两个及以上行政机关共同作出同一行政行为	共同被申请人
法律、法规授权的组织	法律、法规授权的组织

	续表
作出行政行为的机关	被申请人
行政机关委托的组织	委托的行政机关
上级行政机关批准的行政行为	批准机关
行政机关设立的派出机构、内设机构或者其他组织	该行政机关

第三节　申请的提出

第二十条　【申请复议的期限】公民、法人或者其他组织认为行政行为侵犯其合法权益的，可以自知道或者应当知道该行政行为之日起六十日内提出行政复议申请；但是法律规定的申请期限超过六十日的除外。

因不可抗力或者其他正当理由耽误法定申请期限的，申请期限自障碍消除之日起继续计算。

行政机关作出行政行为时，未告知公民、法人或者其他组织申请行政复议的权利、行政复议机关和申请期限的，申请期限自公民、法人或者其他组织知道或者应当知道行政复议权利、行政复议机关和申请期限之日起计算，但是自知道或者应当知道行政行为内容之日起最长不得超过一年。

2017年行政复议法	2023年行政复议法
第九条　公民、法人或者其他组织认为**具体**行政行为侵犯其合法权益的，可以自知道该**具体**行政行为之日起六十日内提出行政复议申请；但是法律规定的申请期限超过六十日的除外。	第二十条　公民、法人或者其他组织认为行政行为侵犯其合法权益的，可以自知道**或者应当知道**该行政行为之日起六十日内提出行政复议申请；但是法律规定的申请期限超过六十日的除外。

因不可抗力或者其他正当理由耽误法定申请期限的，申请期限自障碍消除之日起继续计算。	因不可抗力或者其他正当理由耽误法定申请期限的，申请期限自障碍消除之日起继续计算。 行政机关作出行政行为时，未告知公民、法人或者其他组织申请行政复议的权利、行政复议机关和申请期限的，申请期限自公民、法人或者其他组织知道或者应当知道申请行政复议的权利、行政复议机关和申请期限之日起计算，但是自知道或者应当知道行政行为内容之日起最长不得超过一年。

应用提示

本条是关于复议期限的规定，目的是督促认为自身权益受到侵犯的公民、法人或者其他组织及时提起行政复议，以维护自身的合法权益。

"法律不保护不在意自己权益的人"，所以才有时效与期限的相关规定。时效与期限制度有利于当事人及时维权，申请人必须在法定期限内提出复议申请，否则其申请权不受法律保护，从而避免社会关系长期处于不稳定状态。

行政复议申请的提出，一般情况为"自知道或者应当知道该行政行为之日起六十日内提出行政复议申请"，六十日就是两个月时间，还是非常紧张的。

例外情况是，如果"法律规定的申请期限超过六十日的除外"，则以法律规定的为准。如果"因不可抗力或者其他正当理由耽误法定申请期限的"，则申请期限自障碍消除之日起继续计算。但在这种情况下，申请人必须举证证明的确存在不可抗力或者其他正当理由，否则可能因为超过了时限而无法推开行政复议的大门。

在实践中，可能存在"行政机关作出行政行为时，未告知公民、法人或者其他组织申请行政复议的权利、行政复议机关和申请期限的"，本次修法，专门针对这一场景，明确申请期限从公民、法人或者其他组织知道或者应当知道行政复议权利、行政复议机关和申请期限之日起计算,但是从知道或者应当知道行政行为内容之日起最长不得超过一年。这里一年的规定为除斥期间,也称不变期间,超过除斥期间怠于行使该权利的,则该权利消灭。

根据具体场景,列表如下：

行政行为的作出	起算日
当场作出行政行为	行政行为作出之日
法律文书送达相对人的	相对人签收之日
行政行为通过公告方式的	公告规定的期限届满之日
行政行为作出后,行政机关未及时告知相对人,事后补充告知的	补充告知的通知之日
有履行期限规定的	自履行期限届满之日起计算

第二十一条 【最长期限】因不动产提出的行政复议申请自行政行为作出之日起超过二十年,其他行政复议申请自行政行为作出之日起超过五年的,行政复议机关不予受理。

2017 年行政复议法	2023 年行政复议法
	第二十一条 因不动产提出的行政复议申请自行政行为作出之日起超过二十年,其他行政复议申请自行政行为作出之日起超过五年的,行政复议机关不予受理。

▎应用提示 ●●●●●

本条为新增条款。

出于信赖利益和行政机关运行效率的考量,对超过最长期限申请的行政复议,复议机关不予受理。其中普通案件不能超过相关行政行为作出之日起五年,不动产案件不能超过相关行政行为作出之日起二十年。

> 第二十二条 【复议申请】申请人申请行政复议,可以书面申请;书面申请有困难的,也可以口头申请。
>
> 书面申请的,可以通过邮寄或者行政复议机关指定的互联网渠道等方式提交行政复议申请书,也可以当面提交行政复议申请书。行政机关通过互联网渠道送达行政行为决定书的,应当同时提供提交行政复议申请书的互联网渠道。
>
> 口头申请的,行政复议机关应当当场记录申请人的基本情况、行政复议请求、申请行政复议的主要事实、理由和时间。
>
> 申请人对两个以上行政行为不服的,应当分别申请行政复议。

2017年行政复议法	2023年行政复议法
第十一条 申请人申请行政复议,可以书面申请,也可以口头申请;口头申请的,行政复议机关应当当场记录申请人的基本情况、行政复议请求、申请行政复议的主要事实、理由和时间。	第二十二条 申请人申请行政复议,可以书面申请;书面申请有困难的,也可以口头申请。书面申请的,可以通过邮寄或者行政复议机关指定的互联网渠道等方式提交行政复议申请书,也可以当面提交行政复议申请书。行政机关通过互联网渠道送达行政行为决定书的,应当同时提供提交行政复议申请书的互联网渠道。口头申请的,行政复议机关应当当场记录申请人的基本情况、行政复议请求、申请行政复议的主要事实、理由和时间。申请人对两个以上行政行为不服的,应当分别申请行政复议。

应用提示 ●●●●●●

第二十二条对申请方式进行了增加式修改,修改后的条款更为严谨。比如在口头申请前增加了"书面申请有困难"的限制,并明确规定了书面申请的三种提交方式,具体包括:(1)邮寄;(2)行政复议机关指定的互联网渠道;(3)当面提交。

申请人提出复议申请一般应采用书面形式,即向复议机关递交复议申请书,申请书应当载明以下内容:(1)申请人的基本情况,包括:公民的姓名、性别、年龄、身份证号码、工作单位、住所、邮政编码;法人或者其他组织的名称、住所、邮政编码和法定代表人或者主要负责人的姓名、职务;(2)被申请人的名称;(3)行政复议请求、申请行政复议的主要事实和理由;(4)申请人的签名或者盖章;(5)申请行政复议的日期。

申请复议也可以口头申请,口头申请的,行政复议机构应当依照本条例上述规定的事项,当场制作行政复议申请笔录交申请人核对或者向申请人宣读,并由申请人签字确认。

本条还明确了"一事一复议"的规则,申请人对两个以上行政行为不服的,应当分别申请行政复议,即针对一个行政行为提一个复议申请,不能混在一起。

第二十三条 【复议前置的规定】有下列情形之一的,申请人应当先向行政复议机关申请行政复议,对行政复议决定不服的,可以再依法向人民法院提起行政诉讼:

(一)对当场作出的行政处罚决定不服;

(二)对行政机关作出的侵犯其已经依法取得的自然资源的所有权或者使用权的决定不服;

(三)认为行政机关存在本法第十一条规定的未履行法定职责情形;

(四)申请政府信息公开,行政机关不予公开;

(五)法律、行政法规规定应当先向行政复议机关申请行政复议的其他情形。

对前款规定的情形,行政机关在作出行政行为时应当告知公民、法人或者其他组织先向行政复议机关申请行政复议。

2017年行政复议法	2023年行政复议法
第三十条第一款 公民、法人或者其他组织认为行政机关的具体行政行为侵犯其已经依法取得的土地、矿藏、水流、森林、山岭、草原、荒地、滩涂、海域等自然资源的所有权或者使用权的,应当先申请行政复议;对行政复议决定不服的,可以依法向人民法院提起行政诉讼。 第十六条第一款 公民、法人或者其他组织申请行政复议,行政复议机关已经依法受理的,或者法律、法规规定应当先向行政复议机关申请行政复议,对行政复议决定不服再向人民法院提起行政诉讼的,在法定行政复议期限内不得向人民法院提起行政诉讼。	第二十三条 有下列情形之一的,申请人应当先向行政复议机关申请行政复议,对行政复议决定不服的,可以再依法向人民法院提起行政诉讼: (一)对当场作出的行政处罚决定不服; (二)对行政机关作出的侵犯其已经依法取得的自然资源的所有权或者使用权的决定不服; (三)认为行政机关存在本法第十一条规定的未履行法定职责情形; (四)申请政府信息公开,行政机关不予公开; (五)法律、行政法规规定应当先向行政复议机关申请行政复议的其他情形。 对前款规定的情形,行政机关在作出行政行为时应当告知公民、法人或者其他组织先向行政复议机关申请行政复议。

▌应用提示 ●●●●●●

　　本条是此次修法非常重要的一处修改,明确列举了五种情形下必须"复议前置",值得引起重视。

行政复议是政府系统自我纠错的监督制度,是解决行政争议的重要制度,也是维护公民、法人和其他组织合法权益的重要渠道。新《行政复议法》扩大了复议前置的案件范围,体现了对行政复议作为解决行政争议主渠道的重视。

1. 对当场作出的行政处罚决定不服

根据《行政处罚法》,违法事实确凿并有法定依据,对公民处以200元以下、对法人或者其他组织处以3000元以下罚款或者警告的行政处罚的,可以当场作出行政处罚决定。法律另有规定的,从其规定。执法人员当场作出行政处罚决定的,应当向当事人出示执法证件,填写预定格式、编有号码的行政处罚决定书,并当场交付当事人。新《行政复议法》扩大了复议前置的案件范围,明确对依法当场作出的行政处罚决定不服的,应当先申请行政复议。在某种程度上,这类纠纷一般不复杂,行政复议前置有利于内部纠错,减少行政诉讼的诉累。

2. 对行政机关作出的侵犯其已经依法取得的自然资源的所有权或者使用权的决定不服

本条款明确规定了自然资源确权类案件需要遵循"复议优先"的原则,即公民、法人或者其他组织对行政机关作出的侵犯其已经依法取得的自然资源的所有权或者使用权的决定不服,应当先申请行政复议;对行政复议决定不服的,可以再依法向人民法院提起行政诉讼。

该条规范的具体行政行为为"行政确认行为",调整的对象、针对的行政事务均为土地、矿藏、水流、森林、山岭、草原、荒地、滩涂、海域等自然资源的所有权或者使用权的——简称九大自然资源所有权和使用权,又涉及行政复议与行政诉讼的选择与衔接问题,理解起来比较复杂。根据《行政诉讼法》《行政复议法》及最高人民法院的相关解释和批复,可记住以下几个要点:

(1)初次颁发九大自然资源的所有权或使用权证书的行为属于行政许可,不是行政确认。对行政许可行为可直接提出行政诉讼,不必"复议必经"。

(2)对涉及自然资源所有权或者使用权的行政处罚、行政强制措施等其他具体行政行为提起行政诉讼的,不适用《行政复议法》中"复议前置"的规定。

（3）对县级行政机关作出涉自然资源确认决定不服的，必须到地市级的上一级行政机关先申请复议，对复议决定不服的还可以提起行政诉讼。而相应的终局裁决权是以行政机关的级别设定的。

（4）根据国务院或者省、自治区、直辖市人民政府对行政区划的勘定、调整或者征收土地的决定，省、自治区、直辖市人民政府确认九大自然资源的所有权或者使用权的行政复议决定为最终裁决，当事人不能再收到这一级别最终裁定后再就此争议提起行政诉讼。

相关规定：《自然资源统一确权登记暂行办法》《行政复议法》《土地管理法》《矿产资源法》《最高人民法院行政审判庭关于行政机关颁发自然资源所有权或者使用权证的行为是否属于确认的行政行为》。

3. 行政机关不作为的情形

行政机关及其工作人员负有法定作为义务，应当履行而未履行或拖延履行其法定职责，并且在程序上没有明确意思表示的，公民、法人或其他组织可以申请行政复议。主要表现形式有拒绝履行、不予答复、拖延履行等。类似情形很大程度上是工作态度问题，复议前置更有利于尽快实质性解决争议。

4. 申请政府信息公开但行政机关不予公开的情形

本条是在《行政复议法》二审修改稿的基础上进一步增加的，考虑到此次《行政诉讼法》临时中止审议的背景，最终审议时又增加了"政府信息公开"的相关情形。因为《政府信息公开条例》实施以来，有关政府信息公开的案件呈现"井喷"状态，将大量首次申请行政机关不予公开的案件纳入行政复议前置程序，有利于消化大量政府信息公开案件，也利于行政系统的内部监督，避免过大的诉讼压力向司法端的传导。

5. 法律、行政法规规定的其他情形

这里需要强调的是，必须是"法律、行政法规"这两个层级立法规定的应当先向行政复议机关申请行政复议的其他情形，才能"复议前置"，如纳税争议案件。

本条在末尾专门强调了，"对前款规定的情形，行政机关在作出行政行为时应当告知公民、法人或者其他组织先向行政复议机关申请行政复议"，这意味着这类行政行为在作出书面决定的时候，必须在文书的尾端或者在送达时，明确向公民、法人或者其他组织告知权利救济途径，明确告知其必须先向行政复议机关申请行政复议。

典型案例

某公司不服某省人民政府信息公开答复申请裁决案（司法部行政复议司发布）①

申请人：某工程建筑有限公司

被申请人：某省人民政府

申请人因对被申请人作出的政府信息公开答复不服，向行政复议机关申请行政复议。

申请人认为，2015年6月1日，其向被申请人提交政府信息公开申请表，以要求获取的信息关乎其企业切身利益为由，申请公开"1.某省国际信托投资公司停业整顿工作组对该省国际信托投资公司的清理情况、履行职责情况；2.某省国际信托投资公司停业整顿工作组对该省国际信托投资公司资产和信贷债权进行清理的结果、清理工作计划、方案，清偿计划和公司处置方案；3.某省人民政府对该省国际信托投资公司停业整顿清理工作的监督、检查的记录或资料"。2015年6月15日，被申请人作出书面答复，告知申请人"你申请获取的信息不属于本机关公开范围的政府信息。建议向某省政府金融工作办公室申请获取，"并告知了联系方式。申请人对该答复不服，认为被申请人应当予以公开。

被申请人认为，申请人申请获取的信息不属于被申请人公开范围，建议其向负责省地方金融机构管理、协调和服务等工作的省政府金融工作办公室申请获取，并告知省金融办的咨询电话号码，依法履行了信息公开义务。

行政复议机关认为，根据某省人民政府办公厅三定规定、《某省人民政府办公厅关于成立某省处置地方金融风险领导小组的通知》、《某省处置地方金融风险领导小组办公室关于将调查组转为清算组等有关问题的通知》、《某省机构编制委员会关于增设省政府办公厅金融工作处的通知》、《某省人民政府关于精简和规范省政府议事协调机构的通知》等文件的规定，2000年9月，某省设立了防范和化解地方金融风险的省政府议事协调机构——省处置地方金融风险领导小组，负责协调处置地方金融风险的防范和化解工作。处置地方金融风险领导小组办公室设在某省政府金融工作办公室（某省人民政府办公

---

① 司法部行政复议司主编：《行政复议典型案例选编》（2016~2017），中国法制出版社2018年版。

厅的内设机构),该办公室于2000年12月发文成立某省国际信托投资公司清算组,负责该省国际信托投资公司的清算处置工作。2014年3月,某省人民政府决定撤销省处置地方金融风险领导小组。据此,政府信息公开的义务主体仍应当是被申请人,根据《行政复议法》第十四条、第二十八条第一款第三项、第三十一条的规定,裁决撤销被申请人作出的《非本机关政府信息告知书》和相应原级行政复议决定,同时责令被申请人对申请人提出的政府信息公开申请重新作出处理。

本案中,申请人申请公开的是关于某省国际信托投资公司整顿清理工作的有关情况,申请公开的三项政府信息分别指向"某省国际信托投资公司停业整顿工作组"和"某省人民政府"两个政府信息制作主体。争议的焦点是:某省国际信托投资公司停业整顿工作组的机构性质?对于由其制作或者获取以及由被申请人制作的对相关工作监督检查的信息,被申请人能否直接告知申请人向具体承办的职能部门另行申请公开。

复议机关研究认为,没有证据证明被申请人设立过名称为"某省国际信托投资公司停业整顿工作组"的机构,但根据申请人、被申请人提供的相关证据、答复材料以及申请人申请公开的政府信息内容,可以判定,相关工作为某省处置地方金融风险领导小组及其办公室工作职责。鉴于某省处置地方金融风险领导小组为被申请人设立的省政府议事协调机构,且该机构已于2014年被撤销,虽然之前该领导小组的具体工作事项由其办公室——某省政府金融工作办公室具体承办,但相关政府信息的公开义务主体仍应当是被申请人。由被申请人制作的对相关工作监督检查的信息,也应当由被申请人负责公开。本案中,对于申请人提出的相关政府信息公开申请,被申请人直接告知申请人向具体承办的职能部门另行提出申请,不符合《政府信息公开条例》第十七条关于"谁制作、谁公开"的规定,而且这一做法实际上增加了申请人的负担,不符合《政府信息公开条例》的立法精神。

政府信息公开案件近年来呈现出"井喷式"的增长,其中的多样性、复杂性远远超出了《政府信息公开条例》立法时考虑的范畴,无论是行政复议机关还是司法机关在审理此类案件中均逐渐深化了对政府信息公开的认识。我们也在试图摸索政府信息公开类案件审理中的规律,总结了处理信息公开申请及办理信息公开案件中需要慎重考虑的几个方面:一是判定申请人申请公开的信息是否是政府信息的法定范围,解决"是不是"政府信息的问题;二是判定是否应当公开相关政府信息,解决"给不给"的问题;三是认定依申请公开的申请人主体资格,解决"谁来提"的问题;四是认定政府信息公开义务主体,解决"谁来给"的问题。本案的核心问题就是解决"谁来给"的问题。《政府信息公开条例》第十七条规定,行政机关制作的政府信息,由制作该政府信息的行政机关负责公开;行政机关从公民、法人或者其他组织获取的政府信息,由保存该政府信息的行政机关负责公开。法律、法规对政府信息公开的权限另有规定的,从其规定。但由于行政机关及所设置机构的多样性、复杂性,实践中通过判定制作或保存机关进而确定政府信息公开义务主体并非易事,需要结合机构设置的相关法律规定、三定方案以及设立背景一并综合考量。(司法部行政复议司提供)

第四节　行政复议管辖

第二十四条　【县级以上地方各级人民政府管辖范围】县级以上地方各级人民政府管辖下列行政复议案件:

(一)对本级人民政府工作部门作出的行政行为不服的;

(二)对下一级人民政府作出的行政行为不服的;

(三)对本级人民政府依法设立的派出机关作出的行政行为不服的;

(四)对本级人民政府或者其工作部门管理的法律、法规、规章授权的组织作出的行政行为不服的;

除前款规定外,省、自治区、直辖市人民政府同时管辖对本机关作出的行政行为不服的行政复议案件。

省、自治区人民政府依法设立的派出机关参照设区的市级人民政府的职责权限,管辖相关行政复议案件。

对县级以上地方各级人民政府工作部门依法设立的派出机构依照法律、法规、规章规定,以派出机构的名义作出的行政行为不服的行政复议案件,由本级人民政府管辖;其中,对直辖市、设区的市人民政府工作部门按照行政区划设立的派出机构作出的行政行为不服的,也可以由其所在地的人民政府管辖。

2017年行政复议法	2023年行政复议法
第十二条第一款 对县级以上地方各级人民政府工作部门的具体行政行为不服的，由申请人选择，可以向该部门的本级人民政府申请行政复议，也可以向上一级主管部门申请行政复议。 第十三条 对地方各级人民政府的具体行政行为不服的，向上一级地方人民政府申请行政复议。 对省、自治区人民政府依法设立的派出机关所属的县级地方人民政府的具体行政行为不服的，向该派出机关申请行政复议。 第十四条 对国务院部门或者省、自治区、直辖市人民政府的具体行政行为不服的，向作出该具体行政行为的国务院部门或者省、自治区、直辖市人民政府申请行政复议。对行政复议决定不服的，可以向人民法院提起行政诉讼；也可以向国务院申请裁决，国务院依照本法的规定作出最终裁决。 第十五条 对本法第十二条、第十三条、第十四条规定以外的其他行政机关、组织的具体行政行为不服的，按照下列规定申请行政复议：	第二十四条 县级以上地方各级人民政府管辖下列行政复议案件： （一）对本级人民政府工作部门作出的行政行为不服的； （二）对下一级人民政府作出的行政行为不服的； （三）对本级人民政府依法设立的派出机关作出的行政行为不服的； （四）对本级人民政府或者其工作部门管理的法律、法规、规章授权的组织作出的行政行为不服的。 除前款规定外，省、自治区、直辖市人民政府同时管辖对本机关作出的行政行为不服的行政复议案件。 省、自治区人民政府依法设立的派出机关参照设区的市级人民政府的职责权限，管辖相关行政复议案件。 对县级以上地方各级人民政府工作部门依法设立的派出机构依照法律、法规、规章规定，以派出机构的名义作出的行政行为不服的行政复议案件，由本级人民政府管辖；其中，对直辖市、设区的市人民政府工作部门按照行政区划设

(一)对县级以上地方人民政府依法设立的派出机关的具体行政行为不服的,向设立该派出机关的人民政府申请行政复议;

(二)对政府工作部门依法设立的派出机构依照法律、法规或者规章规定,以自己的名义作出的具体行政行为不服的,向设立该派出机构的部门或者该部门的本级地方人民政府申请行政复议;

(三)对法律、法规授权的组织的具体行政行为不服的,分别向直接管理该组织的地方人民政府、地方人民政府工作部门或者国务院部门申请行政复议;

(四)对两个或者两个以上行政机关以共同的名义作出的具体行政行为不服的,向其共同上一级行政机关申请行政复议;

(五)对被撤销的行政机关在撤销前所作出的具体行政行为不服的,向继续行使其职权的行政机关的上一级行政机关申请行政复议。

有前款所列情形之一的,申请人也可以向具体行政行为发生地的县级地方人民政府提出行政复议申请,由接受申请的县级地方人民政府依照本法第十八条的规定办理。

立的派出机构作出的行政行为不服的,也可以由其所在地的人民政府管辖。

应用提示

本次修法中变动比较大的就是复议案件的管辖制度。

新《行政复议法》规定,由县级以上地方各级人民政府统一管辖行政复议案件,地方各级人民政府的工作部门不再履行这项职责。一方面,将分散在各部门的行政复议职责进行有机整合,从而方便公民、法人和其他组织申请行政复议,体现了行政复议"便民、为民"的原则;另一方面,由地方各级人民政府统一行使行政复议职责,便于优化行政复议资源配置,将分散的职责进行有机整合并实现重心下移,将行政争议解决在基层和萌芽状态。

对申请人来说,调整以后的最大变化是,对县级以上地方各级人民政府工作部门作出的行政行为不服的,以前是选择向本级人民政府申请行政复议或者上一级主管部门申请行政复议,现在是统一向县级以上地方各级人民政府申请行政复议。

根据本条的规定,县级以上地方各级政府可以管辖以下五类主体作出的行政行为:(1)本级政府的工作部门;(2)下一级政府;(3)本级政府的派出机关;(4)本级政府或者工作部门管理的法律、法规、规章授权的组织;(5)本级政府工作部门设立的派出机构以自己名义作出决定的。

除前款规定外,省、自治区、直辖市人民政府作为省一级政府,同时管辖对本机关作出的行政行为不服的行政复议案件。

省、自治区人民政府依法设立的派出机构,相当于设区的市一级人民政府,参照此级别的职责权限,管辖相关行政复议案件。

需要强调的是,对县级以上地方各级人民政府工作部门依法设立的派出机构依照法律、法规、规章规定,以派出机构的名义作出的行政行为不服的行政复议案件,由本级人民政府管辖。因为这里虽然是派出机构自己名义作出的,但是行政复议依然再上提一级,由本级人民政府管辖,而不是由各政府工作部门负责复议。

第二十五条 【国务院部门管辖范围】国务院部门管辖下列行政复议案件:

(一)对本部门作出的行政行为不服的;

(二)对本部门依法设立的派出机构依照法律、行政法规、部门规章规定,以派出机构的名义作出的行政行为不服的;

（三）对本部门管理的法律、行政法规、部门规章授权的组织作出的行政行为不服的。

2017年行政复议法	2023年行政复议法
第十四条　对国务院部门或者省、自治区、直辖市人民政府的具体行政行为不服的，向作出该具体行政行为的国务院部门或者省、自治区、直辖市人民政府申请行政复议。对行政复议决定不服的，可以向人民法院提起行政诉讼；也可以向国务院申请裁决，国务院依照本法的规定作出最终裁决。 第十五条第一款第二项、第三项　对本法第十二条、第十三条、第十四条规定以外的其他行政机关、组织的具体行政行为不服的，按照下列规定申请行政复议： （二）对政府工作部门依法设立的派出机构依照法律、法规或者规章规定，以自己的名义作出的具体行政行为不服的，向设立该派出机构的部门或者该部门的本级地方人民政府申请行政复议； （三）对法律、法规授权的组织的具体行政行为不服的，分别向直接管理该组织的地方人民政府、地方人民政府工作部门或者国务院部门申请行政复议；	第二十五条　国务院部门管辖下列行政复议案件： （一）对本部门作出的行政行为不服的； （二）对本部门依法设立的派出机构依照法律、行政法规、部门规章规定，以派出机构的名义作出的行政行为不服的； （三）对本部门管理的法律、行政法规、部门规章授权的组织作出的行政行为不服的。

应用提示

本条是对国务院部门行政复议管辖的规定,具体包括对本部门,本部门依法设立的派出机构,本部门管理的法律、行政法规、部门规章授权的组织这三类主体作出的行政行为不服的,都由国务院部门管辖。

本条规定的是国务院各部门所负责的管辖范围,而上一条讲的是地方政府所负责复议的管辖范围。

> **第二十六条 【对国务院部门或省、自治区、直辖市政府具体行政行为不服的复议】** 对省、自治区、直辖市人民政府依照本法第二十四条第二款的规定、国务院部门依照本法第二十五条第一项的规定作出的行政复议决定不服的,可以向人民法院提起行政诉讼;也可以向国务院申请裁决,国务院依照本法的规定作出最终裁决。

2017年行政复议法	2023年行政复议法
第十四条 对国务院部门或者省、自治区、直辖市人民政府的具体行政行为不服的,向作出该具体行政行为的国务院部门或者省、自治区、直辖市人民政府申请行政复议。对行政复议决定不服的,可以向人民法院提起行政诉讼,也可以向国务院申请裁决,国务院依照本法的规定作出最终裁决。	第二十六条 对省、自治区、直辖市人民政府依照本法第二十四条第二款的规定、国务院部门依照本法第二十五条第一项的规定作出的行政复议决定不服的,可以向人民法院提起行政诉讼;也可以向国务院申请裁决,国务院依照本法的规定作出最终裁决。

应用提示

本条基本沿袭了原来的规定,归纳起来就是对省、自治区、直辖市这类省一级政府以及国务院部门作出的复议决定不服的,可以要求国务院裁决,也可以向人民法院提出行政诉讼,但如果向国务院申请裁决,国务院依照本法规定作出的裁决为最终裁决。本条款背后体现的是对于中央政府权威的尊重,当然也是对行政相对人"最终裁决或司法审查"选择权的尊重。

第二十七条 【对实行垂直/双重领导机关行政行为不服的复议】 对海关、金融、外汇管理等实行垂直领导的行政机关、税务和国家安全机关的行政行为不服的,向上一级主管部门申请行政复议。

2017 年行政复议法	2023 年行政复议法
第十二条第二款　对海关、金融、国税、外汇管理等实行垂直领导的行政机关和国家安全机关的具体行政行为不服的,向上一级主管部门申请行政复议。	第二十七条　对海关、金融、外汇管理等实行垂直领导的行政机关、**税务**和国家安全机关的行政行为不服的,向上一级主管部门申请行政复议。

▌ **应用提示** ●●●●●●

即使行政复议变更为由县级以上地方各级人民政府统一行使,对海关、金融、外汇管理等实行垂直领导的行政机关、税务和国家安全机关作出的行政行为不服的,仍然是向上一级主管部门申请行政复议。因为如上这些领域专业性非常强,向上一级主管部门申请复议也是对行政系统垂直领导的一种尊重。2018 年国税、地税合并,实行以国家税务总局为主,与省(区、市)人民政府双重领导管理体制。此次修法,还专门把"国税"更改为"税务",并调整了位置,更为精准。

第二十八条 【复议与诉讼的选择】 对履行行政复议机构职责的地方人民政府司法行政部门的行政行为不服的,可以向本级人民政府申请行政复议,也可以向上一级司法行政部门申请行政复议。

2017 年行政复议法	2023 年行政复议法
	第二十八条　对履行行政复议机构职责的地方人民政府司法行政部门的行政行为不服的,可以向本级人民政府申请行政复议,也可以向上一级司法行政部门申请行政复议。

应用提示 ••••••●●

本条为新增条款,明确了地方人民政府的司法行政部门履行具体的行政复议机构职责,同时明确了对地方人民政府司法行政部门的行政行为不服的,可以向其两个上级部门申请行政复议:(1)本级人民政府;(2)上一级司法行政部门。

> **第二十九条　【复议与诉讼的程序互斥】**公民、法人或者其他组织申请行政复议,行政复议机关已经依法受理的,在行政复议期间不得向人民法院提起行政诉讼。
>
> 公民、法人或者其他组织向人民法院提起行政诉讼,人民法院已经依法受理的,不得申请行政复议。

2017 年行政复议法	2023 年行政复议法
第十六条　公民、法人或者其他组织申请行政复议,行政复议机关已经依法受理的,或者法律、法规规定应当先向行政复议机关申请行政复议、对行政复议决定不服再向人民法院提起行政诉讼的,在法定行政复议期限内不得向人民法院提起行政诉讼。 公民、法人或者其他组织向人民法院提起行政诉讼,人民法院已经依法受理的,不得申请行政复议。	第二十九条　公民、法人或者其他组织申请行政复议,行政复议机关已经依法受理的,在行政复议期间不得向人民法院提起行政诉讼。 公民、法人或者其他组织向人民法院提起行政诉讼,人民法院已经依法受理的,不得申请行政复议。

应用提示 ••••••●●

行政复议与行政诉讼都是解决行政争议的途径,它们的目的都是对行政行为的合法性进行审查,从而解决行政争议,只是一个发生在行政系统内部,另一个是由司法系统进行审查。当事人可以先复议,继而诉讼,但是如果公民、法人或者其他组织首先选择了诉讼,就没法再申请复议。与此同时,相对人一次只能启动一个程序,不能既申请行政复议又提起行政诉讼。

第三章　行政复议受理

第三十条　【复议的受理】行政复议机关收到行政复议申请后,应当在五日内进行审查。对符合下列规定的,行政复议机关应当予以受理:

(一)有明确的申请人和符合本法规定的被申请人;
(二)申请人与被申请行政复议的行政行为有利害关系;
(三)有具体的行政复议请求和理由;
(四)在法定申请期限内提出;
(五)属于本法规定的行政复议范围;
(六)属于本机关的管辖范围;
(七)行政复议机关未受理过该申请人就同一行政行为提出的行政复议申请,并且人民法院未受理过该申请人就同一行政行为提起的行政诉讼。

对不符合前款规定的行政复议申请,行政复议机关应当在审查期限内决定不予受理并说明理由;不属于本机关管辖的,还应当在不予受理决定中告知申请人有管辖权的行政复议机关。

行政复议申请的审查期限届满,行政复议机关未作出不予受理决定的,审查期限届满之日起视为受理。

2017 年行政复议法	2023 年行政复议法
第十七条　行政复议机关收到行政复议申请后,应当在五日内进行审查,对不符合本法规定的行政复议申请,决定不予受理,并书	第三十条　行政复议机关收到行政复议申请后,应当在五日内进行审查。对符合下列规定的,行政复议机关应当予以受理:

面告知申请人；对符合本法规定，但是不属于本机关受理的行政复议申请，应当告知申请人向有关行政复议机关提出。 除前款规定外，行政复议申请自行政复议机关负责法制工作的机构收到之日起即为受理。	（一）有明确的申请人和符合本法规定的被申请人； （二）申请人与被申请行政复议的行政行为有利害关系； （三）有具体的行政复议请求和理由； （四）在法定申请期限内提出； （五）属于本法规定的行政复议范围； （六）属于本机关的管辖范围； （七）行政复议机关未受理过该申请人就同一行政行为提出的行政复议申请，并且人民法院未受理过该申请人就同一行政行为提起的行政诉讼。 对不符合前款规定的行政复议申请，行政复议机关应当在审查期限内决定不予受理并说明理由；不属于本机关管辖的，还应当在不予受理决定中告知申请人有管辖权的行政复议机关。 行政复议申请的审查期限届满，行政复议机关未作出不予受理决定的，审查期限届满之日起视为受理。
第十八条 依照本法第十五条第二款的规定接受行政复议申请的县级地方人民政府，对依照本法第十五条第一款的规定属于其他行政复议机关受理的行政复议	新法删了本条规定

申请,应当自接到该行政复议申请之日起七日内,转送有关行政复议机关,并告知申请人。接受转送的行政复议机关应当依照本法第十七条的规定办理。

应用提示

本条在原来条款的基础上,详细增加了行政复议机关决定是否受理时具体审查的内容有哪些:包括主体是否适格、是否存在利害关系、有无具体的行政复议请求和理由、是否在法定申请期限内提出、是否属于行政复议范围、是否属于其管辖范围、之前是否受理过同一复议申请以及是否受理过同一行政诉讼等。新《行政复议法》吸收了《行政复议法实施条例》的规定,明确列举了行政复议的受理条件,这一方面有利于公民、法人和其他组织按照本条规定准备行政复议的申请,另一方面满足以上规定的,复议机关必须受理,避免推诿和不确定。

公民、法人或者其他组织认为行政机关的具体行政行为侵犯其合法权益提出行政复议申请,除不符合新《行政复议法》和《行政复议法实施条例》规定的申请条件的,行政复议机关应当予以受理,且审查期限为收到行政复议申请后五日内进行,如果逾期未作决定的,审查期限届满之日起视为受理。与此同时,新《行政复议法》明确要求不予受理的,必须说明理由;不属于本机关管辖的,还应当在不予受理决定中告知申请人有管辖权的行政复议机关是谁。从而方便申请人选择正确的复议机关。

本条还涉及诸多专业概念,其中复议的申请人与被申请人的具体释义详见第二章第二节,法定申请期限的具体释义详见第二章第三节,行政复议范围的具体释义详见第二章第一节,管辖机关的具体释义详见第二章第四节。

典型案例

黄某等人不服金华市工商行政管理局工商登记行政复议案(最高人民法院公报案例)

【裁判摘要】

买卖、租赁民事合同一方当事人,与合同相对方因公司设立、股权和名称改变而进行的相应工商登记一般没有法律上的利害关系,其以合同相对方存在民事侵权行为为由申请行政复议的,行政复议机关可以不予受理。

【争议焦点】

原告黄某等18人与涉案公司的登记行为是否具有法律上的利害关系。

【基本案情】

原告:黄某等18人

被告:金华市工商行政管理局

第三人:东阳市工商行政管理局

原告黄某等18人不服被告金华市工商行政管理局于2009年12月18日作出的金工商复字〔2009〕7号行政复议决定,向浙江省金华市婺城区人民法院提起行政诉讼。

原告黄某等18人诉称:被告金华市工商行政管理局作出金工商复字〔2009〕7号行政复议决定,以原告与第三人东阳市工商行政管理局核准登记的公司没有法律上的利害关系为由,决定驳回原告的行政复议申请。原告认为,被告驳回原告复议申请的理由不能成立。(1)原告是东阳世贸城2层部分摊位业主或经营户。第三人核准内衣公司、核准变更登记、白云公司注册的住所,涵盖了原告享有所有权或者租赁权的铺位。虽然核准内衣公司、白云公司登记行为发生在原告购买和租赁铺位之前,但工商登记行为具有持续性,通过年检持续着,因此原告有权请求撤销。第三人准许经营或者继续经营的地址包括了原告的铺位。被告认为该准许行为与原告没有法律上的利害关系,违背常识。第三人核准变更登记时间更是在原告购买或者租赁铺位之后。(2)复议决定中也认为,如果党政机关与所办经济实体政企不分,经济实体在职能、财务、人员、名称等方面与机关没有彻底脱钩的话,是不合法的,有可能以权经商、强卖强买,侵害与之发生经营关系的当事人的合法权益。原告与这些公司建立经营关系,合法权益就有可能受到侵害。这种可能性,既包括可能已经受到的侵害,也包括以后可能受到侵害,这就是法律上的利害关系。因此,原告与申请复议的第三人核准注册登记、变更登记行为,存在法律上的利害关系,被告应该对本案进行实体性审查。原告请求撤销被告金工商复字〔2009〕7号行政复议决定,判令其重新作出复议决定。

被告金华市工商行政管理局辩称:(1)被告对原告黄某等与第三人东阳市工商行政管理局核准东阳市开发总公司设立登记、东阳白云内衣城有限公司设立登记和变更登记、东阳白云商业运营管理公司设立登记行为没有法律上的利害关系的认定正确。原告和东阳白云内衣城有限公司(后为东阳世界贸易城有限公司)、东阳白云商业运营管理有限公司因签订商品房买卖合同、铺位租赁合同产生民事合同关系。上述公司和原告之间没有因工商登记建立任何法律关系,东阳白云内衣城有限公司(后变更为东阳世界贸易城有限公司)、东阳白云商业运营管理公司作出设立(变更)登记行为在前,原告与公司签订商品房买卖合同、铺位租赁合同在后,该设立(变更)登记行为不可能对原告还没有因签署合同产生的权利义务产生影响。而且,涉诉工商登记既未妨害原告原有的权利,也未增加原告原有的义务,未对原告权利义务产生实际影响,更未强迫原告必须与上述公司发生民事合同关系。涉诉公司设立(变更)登记行为,不会导致原告必须与上述公司发生民事合同关系。根据《企业年度检验办法》第三条"年检是企业登记机关依法按照年度根据企业提交的年检材料,对与企业登记事项有关的情况进行定期检查的监督管理制度"。年检不是工商登记行为的延续,一个完整的工商登记,自向工商登记机关提出申请开始,至向申请人颁发营业执照结束,不具有原告所述的持续性。东阳世贸大道188号为"东阳世界贸易城""浙江东阳中国木雕城"市场,有多幢多层建筑物,经营面积69.1万平方米、经营户4000多户。原告仅是购买该市场里少部分商品房或者承租市场里少部分铺位,取得房屋所有权或铺位使用权。根据《公司登记管理条例》第12条规定,公司住所是指公司主要办事机构所在地。作为市场业主和从事物业管理的东阳世界贸易城有限公司、东阳白云商业运营管理公司,住所登记为世贸大道188号,上述公司住所登记在世贸大道188号,不会对原告权利义务有实际影响。(2)被告已对原告的行政复议申请进行实体性审查,发现不符合受理条件的情形,驳回其申请正确。(3)原告在与上述合法成立的公司交易过程中,合法权益受到侵害或将要受到侵害,两者之间是民事纠纷,可以通过其他途径救济,不能以行政复议或行政诉讼要求撤销上述公司的相关登记。退一步讲,就算上述公司登记中有问题不合法,原告可以通过向工商机关举报,请求查处或者撤销,而不能通过行政复议或者行政诉讼请求撤销。综上,请求法院驳回原告的诉讼请求。

第三人东阳市工商行政管理局述称:(1)原告黄某等称第三人核准登记(变更登记)的涉案公司的住所,涵盖了原告享有的所有权或租赁权的铺位,没有事实依据。涉案公司以其主要办事机构所在地为住所,不包括原告享有的所有权或租赁权的铺位。(2)原告称党政机关不能投资办企业,没有法律依据。东阳市开发总公司是根据需要,授权东阳市经济开发区管委会代表东阳市人民政府履行出资人职责而组建的企业,符合《企业国有资产法》及《企业法人登记管理条例》的相关规定。(3)原告主张涉案公司登记行为侵害其合法权益,没有事实和法律依据。原告是涉案公司的民事合同关系人,双方之间因买卖、租赁产生民事法律关系,与合同一方公司的核准登记行为没有利害关系。

本案一审的争议焦点是:原告黄某等18人与涉案公司的登记行为是否具有法律上的利害关系。

金华市婺城区人民法院一审认为:被告金华市工商行政管理局受理原告黄某等复议申请后进行了实体审查,根据查明的事实及相关规定,作出驳回原告复议申请的具体行政行为,有相关事实及法律依据,并阐明了详细理由。原告与内衣城公司、世贸城公司的合同纠纷,应当通过协商或民事途径解决。第三人东阳市工商行政管理局对本案所涉三公司设立或变更登记的具体行政行为,与原告没有法律上的直接利害关系。原告诉讼请求无事实及法律依据,难以支持。对被告及第三人抗辩中合法有据部分,予以采纳。

据此,一审法院于2010年4月2日判决:驳回黄某等18原告的诉讼请求。

黄某等18人不服一审判决,向金华市中级人民法院提出上诉,坚持原审诉讼请求,要求撤销被上诉人金华市工商行政管理局金工商复字〔2009〕7号行政复议决定,判令其重新作出复议决定。被上诉人东阳市工商行政管理局辩称:坚持一审意见,请求二审法院维持原判。

金华市中级人民法院经二审,确认了一审查明的事实,亦认为本案争议焦点是:上诉人黄某等与被上诉人东阳市工商行政管理局对开发公司的设立登记、内衣城公司的设立登记及变更登记、商管公司的设立登记行政行为是否具有行政法律利害关系。

金华市中级人民法院二审认为:《行政复议法实施条例》第二十八条规定,"行政复议申请符合下列规定的,应当予以受理……(二)申请人与具体行政行为有利害关系……"判断构成利害关系的要素有二:一是申请人的权益受到损害或有受到损害的现实可能性;二是权益损害与具体行政行为具有因果关系,即具体行政行为是因,权益损害是果。在本案中,上诉人黄某等以"世贸城采取种种软硬兼施手段,譬如停电、对一些商铺进行拆除改装,使业主无法经营"等为由申请行政复议,要求撤销涉诉公司的工商核准登记。对案件进行考量分析:第一,被上诉人东阳市工商行政管理局在对涉诉公司进行工商登记审查时,其按照《公司法》、企业登记相关法律、法规的规定,审查公司设立(变更)

是否符合法定条件;第二,登记机关无法预见公司成立后作为市场主体,在与上诉人发生买卖、租赁民事合同后的侵权行为或侵权可能性;第三,登记机关没有对涉诉公司作为市场主体的民事侵权行为进行审查的法定义务;第四,本案上诉人主张的权益损害原因并不是涉诉公司工商登记行政行为,而是涉诉公司不履行合同或其他民事侵权行为;第五,撤销涉诉公司的工商核准登记,不能使上诉人的权益损害得到恢复。因此,上诉人所主张的权益损害与涉诉公司工商登记的具体行政行为不存在因果关系,上诉人与涉诉公司工商登记具体行政行为没有利害关系,故上诉人不具有申请复议的主体资格。涉诉公司经工商行政管理部门登记,作为市场主体与上诉人因购买或租赁发生了民事合同法律关系,双方享有合同权利与承担合同义务。双方因合同权益产生民事纠纷,应受合同法及相关民事法律调整,上诉人应通过民事诉讼寻求救济。综上,被上诉人金华市工商行政管理局受理上诉人的行政复议申请后,在实体审查中发现上诉人与具体行政行为没有行政法律利害关系,根据《行政复议法实施条例》第四十八条第一款第(二)项的规定驳回上诉人的行政复议申请,于法有据。金华市工商行政管理局作出金工商复字〔2009〕7号行政复议决定,从程序上驳回上诉人的行政复议申请,但在该决定中又对本案所涉公司核准登记的合法性作出了结论性意见,存在不妥之处,予以指出。金华市工商行政管理局作出的金工商复字〔2009〕7号行政复议决定结论正确。

综上,金华市中级人民法院根据《行政诉讼法》第六十一条第(一)项之规定,于2010年5月21日判决:驳回上诉,维持原判。

第三十一条 【材料补正】行政复议申请材料不齐全或者表述不清楚,无法判断行政复议申请是否符合本法第三十条第一款规定的,行政复议机关应当自收到申请之日起五日内书面通知申请人补正。补正通知应当一次性载明需要补正的事项。

申请人应当自收到补正通知之日起十日内提交补正材料。有正当理由不能按期补正的,行政复议机关可以延长合理的补正期限,无正当理由逾期不补正的,视为申请人放弃行政复议申请,并记录在案。

行政复议机关收到补正材料后,依照本法第三十条的规定处理。

2017 年行政复议法	2023 年行政复议法
	第三十一条　行政复议申请材料不齐全或者表述不清楚,无法判断行政复议申请是否符合本法第三十条第一款规定的,行政复议机关应当自收到申请之日起五日内书面通知申请人补正。补正通知应当一次性载明需要补正的事项。 　　申请人应当自收到补正通知之日起十日内提交补正材料。有正当理由不能按期补正的,行政复议机关可以延长合理的补正期限。无正当理由逾期不补正的,视为申请人放弃行政复议申请并记录在案。 　　行政复议机关收到补正材料后,依照本法第三十条的规定处理。

▌应用提示 ●●●●●●

本条为新增条款,是关于材料补正的具体措施。

在实践中,申请人经常会遇到材料不齐又不知道如何补正的问题,从而被拖延申请与受理。此次修法,就把这些技术性细节问题予以详细的规定。比如行政复议申请材料不齐全或者表述不清楚的,行政复议机构应当自收到该行政复议申请之日起五日内书面通知申请人补正。补正通知应当载明需要补正的事项和合理的补正期限。补正通知应当一次性载明需要补正的事项。与此同时,申请人也要积极配合补正,原则上应当在十日内补正,无正当理由逾期不补正的,视为申请人放弃行政复议申请。补正申请材料所用时间不计入行政复议审理期限。

典型案例

朱某某诉亳州市政府不履行复议职责案[安徽省高级人民法院(2022)皖行终470号行政判决书]

【裁判摘要】

受理行政复议申请需要有明确的申请人,申请人申请行政复议时只提供了身份证复印件,复议机关要求其补正身份证明原件,用于与复印件核对,以明确其申请人身份,符合相关规定。申请人收到复议机关的补正通知后,拒绝依照复议机关的要求补正材料,应视为其放弃行政复议申请;申请人收到复议机关的补正通知后按要求已经补正材料(该材料为法律法规规定需要提交的材料),复议机关应当依法受理当事人的行政复议申请。

【争议焦点】

(1)复议机关要求申请人补正的材料是否为法律、法规规定需要提交的材料?(2)申请人已经按照补正通知的要求补正材料的,复议机关能否以不合补正要求为由认为申请人放弃复议申请?

【基本案情】

原告:朱某某

被告:安徽省亳州市人民政府

朱某某通过邮寄复议申请材料的形式提起行政复议申请,因该申请非本人当场提交且寄送的身份证明仅为复印件,安徽省亳州市人民政府收到朱某某的行政复议申请后,作出《补正行政复议申请通知书》,认为朱某某提交的行政复议申请材料不齐全要求予以补正,其中要求补正两项内容,其中第二项内容为"请你携带本人身份证到本单位核实身份,如因疫情防控需要无法前来,请说明情况并提供你本人的身份证原件"。后朱某邮寄了身份证原件,亳州市人民政府认为朱某某未按照第二项内容补正,以告知书的形式视为朱某某放弃行政复议申请。

朱某不服提出行政诉讼。法院经调查认为,朱某某在规定期限内向亳州市人民政府邮寄了身份证原件,但未"说明情况"。朱某某已按亳州市人民政府的要求予以补正,不存在逾期不补正情形。至于未"说明情况",行政复议机关要求申请人补上材料。其目的是便于行政复议机关准确把握申请人的真实意思,正确判断申请是否应予受理。因此,需要补正的事项应当属于《行政复议法》及其实施条例规定应当由申请人提供的内容。在朱某某已提供身份证原件给亳州市人民政府核实的情况下,其无法前来的情况说明并不是法律法规规定需要提交的材料,亳州市人民政府据此认定朱某某未按要求补正,视为朱某某放弃行政复议申请,适用法律不当,亳州市人民政府应当对朱某某的复议申请依法作出处理。

亳州市人民政府不服提出上诉,二审最终判决:驳回上诉,维持原判。

> **第三十二条 【对当场处罚决定的复议申请】**对当场作出或者依据电子技术监控设备记录的违法事实作出的行政处罚决定不服申请行政复议的,可以通过作出行政处罚决定的行政机关提交行政复议申请。
>
> 行政机关收到行政复议申请后,应当及时处理;认为需要维持行政处罚决定的,应当自收到行政复议申请之日起五日内转送行政复议机关。

2017 年行政复议法	2023 年行政复议法
	第三十二条 对当场作出或者依据电子技术监控设备记录的违法事实作出的行政处罚决定不服申请行政复议的,可以通过作出行政处罚决定的行政机关提出行政复议申请。 行政机关收到行政复议申请后,应当及时处理;认为需要维持行政处罚决定的,应当自收到行政复议申请之日起五日内转送行政复议机关。

应用提示

本条为新增条款,是关于对当场作出或者依据电子技术监控设备记录的违法事实作出的行政处罚决定不服的,如何进行行政复议的规定。

此类案件的数量是非常巨大的,所以本次修法对此专用一个条文予以规范。正常情况下行政复议申请是向行政复议机关提出,而此类案件可以通过作出行政处罚决定的行政机关提交,行政机关(如公安系统的交警部门）收到后，认为应该改变或者撤销具体行政行为的，可以主动纠错，认为需要维持的，则要在收到当事人行政复议申请之日起五日内转送行政复议机关，由行政复议机关予以审查，决定是否受理。

> 第三十三条 【复议的驳回】行政复议机关受理行政复议申请后，发现该行政复议申请不符合本法第三十条第一款规定的，应当决定驳回申请并说明理由。

2017年行政复议法	2023年行政复议法
	第三十三条 行政复议机关受理行政复议申请后，发现该行政复议申请不符合本法第三十条第一款规定的，应当决定驳回申请并说明理由。

应用提示

本条为新增条款，复议机关接收材料后进行审查，对不符合本法第三十条规定的申请应当驳回。驳回意味着案件并没有进入实体审查，类似于行政诉讼中的驳回起诉，驳回起诉是在对案件进行事实审理之前，对当事人是否具有诉权的程序性审查。因此行政复议的驳回决定不属于复议机关维持原行政行为的情形，因为根本就没有对原行政行为予以实体审查，是受理后发现本不应受理的特殊情况。公民、法人或其他组织如果对复议机关驳回申请的决定不服的，可以向上级机关反映，也可以重新整理材料再次提起行政复议，或者就驳回申请的决定向人民法院提起行政诉讼。

> 第三十四条 【复议与诉讼的衔接】法律、法规规定应当先向行政复议机关申请行政复议、对行政复议决定不服再向人民法院提起行政诉讼的，行政复议机关决定不予受理、驳回申请或者受理后超过行政复议期限不作答复的，公民、法人或者其他组织可以自收到决定书之日起或者行政复议期限届满之日起十五日内，依法向人民法院提起行政诉讼。

2017年行政复议法	2023年行政复议法
第十九条 法律、法规规定应当先向行政复议机关申请行政复议、对行政复议决定不服再向人民法院提起行政诉讼的,行政复议机关决定不予受理或者受理后超过行政复议期限不作答复的,公民、法人或者其他组织可以自收到不予受理决定书之日起或者行政复议期满之日起十五日内,依法向人民法院提起行政诉讼。	第三十四条 法律、**行政法规**规定应当先向行政复议机关申请行政复议、对行政复议决定不服再向人民法院提起行政诉讼的,行政复议机关决定不予受理、**驳回申请**或者受理后超过行政复议期限不作答复的,公民、法人或者其他组织可以自收到决定书之日起或者行政复议期**限届**满之日起十五日内,依法向人民法院提起行政诉讼。

应用提示

本条主要针对复议与诉讼的衔接问题进行了规定,并专门增加了对"驳回申请决定"不服的,申请人可以依法提起行政诉讼。

法律设置复议前置制度,有助于把行政争议化解在行政系统内部,保护相对人权益,打造和谐的官民关系、有利于上级机关对下级机关进行监督。当事人已经完成了复议前置,但对复议决定不服的,可以再向人民法院提起行政诉讼。此外,如果复议机关不予受理、驳回申请或者受理后超过行政复议期限不作答复的,表明复议机关已明确拒绝出面去实质解决争议,这时公民、法人或者其他组织有权通过行政诉讼来维护自己的合法权益。

但必须注意的是,这个衔接的时间非常短暂——自收到决定书之日或者行政复议期限届满之日起十五日内提出。

典型案例

彭某某诉江西省乐平市人民政府不履行行政复议法定职责案[最高人民法院(2019)最高法行申14387号行政裁定书]

【裁判要旨】

公安机关在行政程序中的案件办理情况和结果等执法信息应当向特定对象公开,并为特定对象提供查询服务。特定对象如需获取上述信息,应通过查询方式取得。《政府信息公开条例》是国务院制定的行政法规,调整的范围仅限于政府信息。该条例第二条规定:"本条例所称政府信息,是指行政机关在履行职责过程中制作或者获取的,以一定形式记录、保存的信息。"而训诫、具结悔过、使用警械等属于公安机关在对被拘留人员执行拘留处罚过程中的管理行为,不是行政机关在履行职责过程中制作或者获取的,不属于《政府信息公开条例》第二条所规定的"以一定形式记录、保存的信息"。基于以上,彭某某向乐平市公安局申请政府信息公开之内容,部分明显不属于政府信息,部分属于不能通过政府信息公开渠道获得的材料,故乐平市公安局不予答复并未对彭某某的权利义务产生实际影响,依法不属于行政复议的受理范围,亦非行政诉讼的受案范围。乐平市政府并无法定义务作出复议决定,不具有行政诉讼意义上的法定职责。据此,一审法院裁定驳回起诉,二审法院裁定驳回上诉、维持一审裁定,符合法律规定,依法应予支持。

【争议焦点】

被申请人乐平市政府是否存在不履行行政复议法定职责的情形?

【基本案情】

再审申请人(一审原告、二审上诉人):彭某某

被申请人(一审被告、二审被上诉人):江西省乐平市人民政府

法定代表人:徐某,该市人民政府市长

再审申请人彭某某诉被申请人江西省乐平市人民政府(以下简称乐平市政府)不履行行政复议法定职责一案,江西省景德镇市中级人民法院于2018年6月27日作出(2018)赣02行初84号行政裁定:驳回彭某某的起诉。彭某某不服提起上诉后,江西省高级人民法院于2018年10月26日作出(2018)赣行终801号行政裁定:驳回上诉,维持原裁定。彭某某仍不服,向最高人民法院申请再审。

本案中,再审申请人彭某某的原审诉讼请求为确认乐平市政府不履行行政复议职责违法,判令乐平市政府履行职责作出行政复议决定。结合原审法院查明的事实,彭某某向江西省乐平市公安局(以下简称乐平市公安局)提出政府信息公开申请,要求公开"拘留所对被拘留人入所至拘留期满出所的被拘留期间的具体日期、时间所存在的有违反拘留所管理规定行为与记录和录像信息及申请人因违反拘留所规定被训诫、具结悔过、被使用警械的记录信息"。

最高人民法院认为:首先,《最高人民法院关于审理政府信息公开行政案件若干问题的规定》第二条第(四)项规定:"公民、法人或者其他组织对下列

行为不服提起行政诉讼的,人民法院不予受理:……(四)行政程序中的当事人、利害关系人以政府信息公开名义申请查阅案卷材料,行政机关告知其应当按照相关法律、法规的规定办理"。公安机关对于作为行政程序中的当事人执行行政拘留处罚过程中形成的材料,如拘留期间的日期、违反拘留管理的行为等属于案卷材料,不能通过申请政府信息公开的渠道获得。其次,《公安机关执法公开规定》第二十二条第一款规定:"除按照本规定第二十一条向特定对象告知执法信息外,公安机关应当通过提供查询的方式,向报案或者控告的被害人、被侵害人或者其监护人、家属公开下列执法信息:(一)办案单位名称、地址和联系方式;(二)刑事立案、移送审查起诉、终止侦查、撤销案件等情况,对犯罪嫌疑人采取刑事强制措施的种类;(三)行政案件受案、办理结果。"根据上述规定,公安机关在行政程序中的案件办理情况和结果等执法信息应当向特定对象公开,并为特定对象提供查询服务。特定对象如需获取上述信息,应通过查询方式取得。最后,《政府信息公开条例》是国务院制定的行政法规,调整的范围仅限于政府信息。该条例第二条规定:"本条例所称政府信息,是指行政机关在履行职责过程中制作或者获取的,以一定形式记录、保存的信息。"而训诫、具结悔过、使用警械等属于公安机关在对被拘留人员执行拘留处罚过程中的管理行为,不是行政机关在履行职责过程中制作或者获取的,不属于《政府信息公开条例》第二条所规定的"以一定形式记录、保存的信息"。基于此,彭某某向乐平市公安局申请政府信息公开之内容,部分明显不属于政府信息,部分属于不能通过政府信息公开渠道获得的材料,故乐平市公安局不予答复并未对彭某某的权利义务产生实际影响,依法不属于行政复议的受理范围,亦非行政诉讼的受案范围。乐平市政府并无法定义务作出复议决定,不具有行政诉讼意义上的法定职责。据此,一审法院裁定驳回起诉,二审法院裁定驳回上诉、维持一审裁定,符合法律规定,依法应予支持。

最高人民法院最终判决驳回再审申请人彭某某的再审申请。

关联法规

最高人民法院《关于适用〈中华人民共和国行政诉讼法〉的解释》(法释〔2018〕1号)

第五十七条 法律、法规未规定行政复议为提起行政诉讼必经程序,公民、法人或者其他组织既提起诉讼又申请行政复议的,由先立案的机关管辖;同时立案的,由公民、法人或者其他组织选择。公民、法人或者其他组织已经申请行政复议,在法定复议期间内又向人民法院提起诉讼的,人民法院裁定不予立案。

第五十八条 法律、法规未规定行政复议为提起行政诉讼必经程序,公民、法人或者其他组织向复议机关申请行政复议后,又经复议机关同意撤回复议申请,在法定起诉期限内对原行政行为提起诉讼的,人民法院应当依法立案。

> 第三十五条 【上级机关责令受理及直接受理】公民、法人或者其他组织依法提出行政复议申请,行政复议机关无正当理由不予受理、驳回申请或者受理后超过行政复议期限不作答复的,申请人有权向上级行政机关反映,上级行政机关应当责令其纠正;必要时,上级行政复议机关可以直接受理。

2017年行政复议法	2023年行政复议法
第二十条 公民、法人或者其他组织依法提出行政复议申请,行政复议机关无正当理由不予受理的,上级行政机关应当责令其**受理**;必要时,上级行政机关**也**可以直接受理。	第三十五条 公民、法人或者其他组织依法提出行政复议申请,行政复议机关无正当理由不予受**理、驳回申请或者受理后超过行政复议期限不作答复**的,上级行政机关应当责令其**纠正**;必要时,上级行政**复议**机关可以直接受理。

▍应用提示 ●●●●●●●

行政复议制度本来就是行政系统内部的纠错机制,目的是实质性解决行政争议。行政系统有明确的层级划分,县一级上面有市一级,市一级上面有省一级,"命令与服从"是行政系统架构的特征。如果复议机关无正当理由不予受理、驳回申请或者受理后超过行政复议期限不作答复的,为充分保障公民、法人和其他组织的权益,申请人可以向上级行政机关反映,上级行政机关应当责令其纠正;必要时,上级行政机关可以直接受理。上级行政机关直接受理的,就相当于诉讼中的提级管辖了,是比较罕见的现象。

第四章　行政复议审理

第一节　一般规定

> 第三十六条　【审理程序】行政复议机关受理行政复议申请后,依照本法适用普通程序或者简易程序进行审理。行政复议机构应当指定行政复议人员负责办理行政复议案件。
>
> 行政复议人员对办理行政复议案件过程中知悉的国家秘密、商业秘密和个人隐私,应当予以保密。

2017年行政复议法	2023年行政复议法
	第三十六条　行政复议机关受理行政复议申请后,依照本法适用普通程序或者简易程序进行审理。行政复议机构应当指定行政复议人员负责办理行政复议案件。 行政复议人员对办理行政复议案件过程中知悉的国家秘密、商业秘密和个人隐私,应当予以保密。

▍应用提示 ●●●●●●

本条为新增条款,是关于行政复议机关受理行政复议申请后,应按照普通程序或者简易程序进行审理的原则性规定。

本条还明确行政复议机构应当指定行政复议人员负责办理行政复议案件,这意味着具体的行政复议经办人员要对所办理的行政复议案件负责,她/他的工作也代表了行政复议机构以及行政复议机关。行政复议人员对办理行政复议案件过程中知悉的国家秘密、商业秘密和个人隐私,应当予以保密,这既是法律的明确要求,也是基本的职业操守。

第三十七条 【审理依据】行政复议机关依照法律、法规、规章审理行政复议案件。

行政复议机关审理民族自治地方的行政复议案件,同时依照该民族自治地方的自治条例和单行条例。

2017年行政复议法	2023年行政复议法
	第三十七条 行政复议机关依照法律、法规、规章审理行政复议案件。 行政复议机关审理民族自治地方的行政复议案件,同时依照该民族自治地方的自治条例和单行条例。

应用提示 ●●●●●●

本条为新增条款,规定了行政复议审理中的法律依据,主要为法律、法规与规章,并不包括规范性文件。同时强调了,在审理民族自治地方的行政复议案件中,还要依照该民族自治地方的自治条例与单行条例,因为自治条例与单行条例是针对民族自治地方专门指定的,在立法层级上与省级地方性法规、省级政府规章属于同一级别。

第三十八条 【提级管辖】上级行政复议机关根据需要,可以审理下级行政复议机关管辖的行政复议案件。

下级行政复议机关对其管辖的行政复议案件,认为需要由上级行政复议机关审理的,可以报请上级行政复议机关决定。

2017 年行政复议法	2023 年行政复议法
	第三十八条 上级行政复议机关根据需要,可以审理下级行政复议机关管辖的行政复议案件。 下级行政复议机关对其管辖的行政复议案件,认为需要由上级行政复议机关审理的,可以报请上级行政复议机关决定。

▎应用提示 ●●●●●●

　　本条为新增条款,是二次审议稿之后又增加的。许多人会疑惑本条应属于管辖的相关规定,为何规定在行政复议审理这一章节？因为本条中的两个条款均是在受理或审理环节发生的,一种情况是上级行政复议机关认为必要的,可以直接审理下级行政复议机关管辖的行政复议案件；另一种情况是下级行政复议机关在受理或者审理环节,对自己有管辖权的行政复议案件,主动报请上级行政复议机关进行审理。

　　上提到高一级别的行政复议机关进行审理,有利于彻底解决行政争议,也体现了行政复议制度的灵活性。

　　第三十九条 【复议中止】行政复议期间有下列情形之一的,行政复议中止：
　　(一)作为申请人的公民死亡,其近亲属尚未确定是否参加行政复议；
　　(二)作为申请人的公民丧失参加行政复议的行为能力,尚未确定法定代理人参加行政复议；
　　(三)作为申请人的公民下落不明；
　　(四)作为申请人的法人或者其他组织终止,尚未确定权利义务承受人；

（五）申请人、被申请人因不可抗力或者其他正当理由,不能参加行政复议；

（六）依照本法规定进行调解、和解,申请人和被申请人同意中止；

（七）行政复议案件涉及的法律适用问题需要有权机关作出解释或者确认；

（八）行政复议案件审理需要以其他案件的审理结果为依据,而其他案件尚未审结；

（九）有本法第五十六条或者第五十七条规定情形；

（十）其他需要中止行政复议的情形。

行政复议中止的原因消除后,应当及时恢复行政复议案件的审理。

行政复议机关中止、恢复行政复议案件的审理,应当书面告知当事人。

2017年行政复议法	2023年行政复议法
	第三十九条　行政复议期间有下列情形之一的,行政复议中止： （一）作为申请人的公民死亡,其近亲属尚未确定是否参加行政复议； （二）作为申请人的公民丧失参加行政复议的行为能力,尚未确定法定代理人参加行政复议； （三）作为申请人的公民下落不明； （四）作为申请人的法人或者其他组织终止,尚未确定权利义务承受人；

	（五）申请人、被申请人因不可抗力或者其他正当理由,不能参加行政复议;
（六）依照本法规定进行调解、和解,申请人和被申请人同意中止;
（七）行政复议案件涉及的法律适用问题需要有权机关作出解释或者确认;
（八）行政复议案件审理需要以其他案件的审理结果为依据,而其他案件尚未审结;
（九）有本法第五十六条或者第五十七条规定的情形;
（十）需要中止行政复议的其他情形。
行政复议中止的原因消除后,应当及时恢复行政复议案件的审理。
行政复议机关中止、恢复行政复议案件的审理,应当书面告知当事人。|

▎应用提示 ●●●●●●

　　本条为新增条款。实践中,行政复议的进行并非一帆风顺,行政复议申请提起并受理后,也可能会因为主体情况变化或者某些突发事件引发行政复议中止,其中主要包括以下几类:(1)主体发生变化,具体包括作为申请人的自然人突然死亡、丧失行为能力、下落不明;作为申请人的法人或者其他组织终止,如此一来都要等待近亲属或者法定代理人、权利义务承受人等的表态。(2)某些情况的发生,具体包括不可抗力或者其他正当理由(如申请人做手术、生病等)、在调解或和解的过程中双方都同意中止的。(3)需要等待另一个结果的,具体包括案件涉及的法律适用问题需要有权机关作出解释或者确认、案件审理需要以其他案件的审理结果为依据,而其他案件尚未审结,根据本法第五十六条、第五十七条,需要等待提出对有关规范性文件的审查结果的。(4)兜底条款,其他需要中止行政复议的情形。

需要强调的是,中止只是暂时的,行政复议中止的原因消除后,应当及时恢复行政复议案件的审理。而且,此次《行政复议法》的修改,明确了行政复议机关中止、恢复行政复议案件的审理,都应当书面告知当事人,而不是仅口头告知,程序性要求更为严格。

第四十条 【复议程序无故中止的救济】行政复议期间,行政复议机关无正当理由中止行政复议的,上级行政机关应当责令其恢复审理。

2017年行政复议法	2023年行政复议法
	第四十条 行政复议期间,行政复议机关无正当理由中止行政复议的,上级行政机关应当责令其恢复审理。

▎应用提示 ●●●●●●

本条为新增条款,主要是保障行政复议程序不被行政复议机关随意中止,如果行政复议机关没有第三十六条中列举的正当理由,无故中止复议的,上级行政机关应当予以监督,责令其恢复审理。

第四十一条 【复议终止】行政复议期间有下列情形之一的,行政复议机关决定终止行政复议:
(一)申请人撤回行政复议申请,行政复议机构准予撤回;
(二)作为申请人的公民死亡,没有近亲属或者其近亲属放弃行政复议权利;

第四章 行政复议审理 77

(三)作为申请人的法人或者其他组织终止,没有权利义务承受人或者其权利义务承受人放弃行政复议权利;

(四)申请人对行政拘留或者限制人身自由的行政强制措施不服申请行政复议后,因同一违法行为涉嫌犯罪,被采取刑事强制措施;

(五)依照本法第三十九条第一款第一项、第二项、第四项的规定中止行政复议满六十日,行政复议中止的原因仍未消除。

2017年行政复议法	2023年行政复议法
第二十五条 行政复议决定作出前,申请人要求撤回行政复议申请的,经说明理由,可以撤回;撤回行政复议申请的,行政复议终止。	第四十一条 行政复议期间有下列情形之一的,行政复议机关决定终止行政复议: (一)申请人撤回行政复议申请,行政复议机构准予撤回; (二)作为申请人的公民死亡,没有近亲属或者其近亲属放弃行政复议权利; (三)作为申请人的法人或者其他组织终止,没有权利义务承受人或者其权利义务承受人放弃行政复议权利; (四)申请人对行政拘留或者限制人身自由的行政强制措施不服申请行政复议后,因同一违法行为涉嫌犯罪,被采取刑事强制措施; (五)依照本法第三十九条第一款第一项、第二项、第四项的规定中止行政复议满六十日,行政复议中止的原因仍未消除。

应用提示

本条基本为新增条款,主要规定了行政复议终止的各种情形,具体包括:

1. 申请人撤回行政复议申请,行政复议机构准予撤回。申请人提出复议申请,从而开启行政复议程序,如果受理后申请人又要求撤回的,行政复议机构应该予以审查,如果审查同意,准予撤回,行政复议终止。但行政复议机构审查后认为行政行为有问题或者关系公共利益等原因不同意撤回的,则行政复议要继续予以审理并作出相应的决定。

2. 申请主体已经不存在了。具体包括:(1)为申请人的自然人死亡,没有近亲属或者其近亲属放弃行政复议权利;(2)作为申请人的法人或者其他组织终止,没有权利义务承受人或者其权利义务承受人放弃行政复议权利。这种情况下,没有权利主体,也就没有必要继续复议。

3. 申请人对行政拘留或者行政强制措施不服申请行政复议后,因申请人同一违法行为涉嫌犯罪,该行政拘留或者行政强制措施变更为刑事拘留或者刑事强制措施的,行政复议机关决定终止行政复议。这种情况下,申请人已经涉及刑事犯罪问题。非行政复议所能解决,应通过刑事审判及刑事辩护来解决。

4. 本法第三十六条规定,作为申请人的自然人死亡,其近亲属尚未确定是否参加行政复议;作为申请人的自然人丧失参加行政复议的行为能力,尚未确定法定代理人参加行政复议;作为申请人的法人或者其他组织终止,尚未确定权利义务承受人,需要等待近亲属、法定代理人、继受人表态的,如果六十天后,行政复议中止的原因仍未消除,行政复议机关可决定终止行政复议,从而避免复议程序长期处于不稳定状态。

第四十二条 【复议停止执行的情形】行政复议期间行政行为不停止执行;但是有下列情形之一的,应当停止执行:

(一)被申请人认为需要停止执行;

(二)行政复议机关认为需要停止执行;

（三）申请人、第三人申请停止执行,行政复议机关认为其要求合理,决定停止执行;
（四）法律、法规、规章规定停止执行的其他情形。

2017年行政复议法	2023年行政复议法
第二十一条 行政复议期间**具体**行政行为不停止执行;但是,有下列情形之一的,**可以**停止执行: （一）被申请人认为需要停止执行**的**; （二）行政复议机关认为需要停止执行**的**; （三）申请人申请停止执行,行政复议机关认为其要求合理,决定停止执行**的**; （四）法律规定停止执行**的**。	第四十二条 行政复议期间行政行为不停止执行;但是有下列情形之一的,**应当**停止执行: （一）被申请人认为需要停止执行; （二）行政复议机关认为需要停止执行; （三）申请人、第三人申请停止执行,行政复议机关认为其要求合理,决定停止执行; （四）法律、**法规**、**规章**规定停止执行**的其他情形**。

应用提示 ●●●●●●

本条为修改条款,主要规定了行政复议期间四种应当停止执行的情形。行政行为一旦作出,就具有确定力、拘束力跟公定力,即使行政相对人对此不服提出行政复议申请的,原则上也不停止行政行为的执行,这是行政权威及行政效率的要求。但以下四种情况可以例外——应当停止执行的:

1.被申请人认为需要停止执行。也就是说,作出行政行为的行政机关认为需要停止执行,这个时候错误的概率比较大,为避免"错上加错",被申请人应当自己停止执行。

2.行政复议机关认为需要停止执行。在具体审理期间,如行政复议机关基于行政行为可能有错、对申请人权益影响过大、事实不清楚等原因认为需要停止执行的,作为将来要作出复议决定的行政机关,也应当决定停止执行。

3.申请人、第三人申请停止执行,行政复议机关认为其要求合理,决定停止执行。这种情况属于"申请+审查"的模式,即申请人或第三人基于自身权益的保护,向行政复议机关提出《停止执行具体行政行为申请书》,行政复议机关审查后认为其要求合理的,可以决定停止执行,也可以不予同意。如果决定停止执行的,应制作《停止执行具体行政行为通知书》。

4.法律、法规、规章规定停止执行。新《行政复议法》将原来的"法律规定停止执行的"修改为"法律、法规、规章规定停止执行",扩大了停止执行的法律依据,对于申请人的权益也是一种更完备的保护。

第二节 行政复议证据

第四十三条 【复议证据种类】行政复议证据包括:
(一)书证;
(二)物证;
(三)视听资料;
(四)电子数据;
(五)证人证言;
(六)当事人的陈述;
(七)鉴定意见;
(八)勘验笔录、现场笔录。
以上证据经行政复议机构审查属实,才能作为认定行政复议案件事实的根据。

2017年行政复议法	2023年行政复议法
	第四十三条 行政复议证据包括:

	（一）书证；
	（二）物证；
	（三）视听资料；
	（四）电子数据；
	（五）证人证言；
	（六）当事人的陈述；
	（七）鉴定意见；
	（八）勘验笔录、现场笔录。
	以上证据经行政复议机构审查属实，才能作为认定行政复议案件事实的根据。

应用提示

本条为新增条款，用列举式规定了行政复议中涉及的八大类证据。民事诉讼和行政诉讼中的证据种类，也是这八大类。证据指证明待证事实是否客观存在的材料。证据在争议解决中有着极其重要的意义，它既是人民法院以及复议机构认定事实的根据，也是人民法院及复议机构作出裁判/决定的基础。具体包括：

1. 书证，指以文字、符号所记录或者表示的以证明待证事实的文书。比如，书信、文件、票据、合同等。书证是诉讼/复议中普遍且大量应用的一种证据。

2. 物证，指用物品的外形、特征、质量等说明待证事实的一部分或者全部的物品。比如作为合同标的物的古董、留置的收音机等。

3. 视听资料，指用录音、录像的方法记录下来的有关案件事实的材料，比如用录音机录制的当事人谈话，用录像机录制的活动影像。视听资料是随着科学技术的发展进入证据领域的。

4. 电子数据，是指用电子计算机储存的各种数据和资料等，现在广泛存在的微信聊天记录、短信聊天记录等，被认为是电子数据。

5. 证人证言，指证人以口头或者书面方式所作的对案件事实的陈述。证人所作的陈述，既可以是亲自听到、看到的，也可以是从其他人、其他地方间接得知的。证人证言是诉讼中广泛应用的一种证据。需要注意的是,如果要申请证人出庭/出席的,应事先向法院/行政复议机构提交申请,并且证人不得旁听庭审/复议过程。

6. 当事人的陈述,指案件的当事人,也就是直接利害关系人向复议机构提出的关于案件事实和证明这些事实情况的陈述。

7. 鉴定意见,指专门机关对案件中出现的专门性问题,通过技术鉴定作出的各种鉴定报告,如笔迹鉴定、造价鉴定、指纹鉴定、产品质量鉴定、文书鉴定等。鉴定意见是专业人员应用专门知识所作出的鉴别和判断,具有科学性和较强的证明力,往往成为审查和鉴别其他证据的重要手段。实践中常出现"以鉴代审"的现象,《民事诉讼法》修改时把"鉴定结论"修改为"鉴定意见"一词,也是强化鉴定意见只是证据的一种形式,同样要经过质证环节。此外,对于鉴定意见的质证/反驳,申请人或者被申请人都可以聘请专家辅助人来进行。

8. 勘验笔录、现场笔录,指行政机关对能够证明案件事实的现场或者不能、不便拿到复议现场的物证,就地进行分析、检验、勘查后作出的记录,它是客观事物的书面反映,是保全原始证据的一种证据形式。

行政复议机构必须全面地、客观地、实事求是地审查证据的真实性和合法性,同时也应当对各种证据之间的相互关系以及它们与待证事实的关系进行审查。只有经过认真、细致的调查和分析,查证属实后,以上证据才能作为认定事实的根据。所以新《行政复议法》明确规定"以上证据经行政复议机构审查属实,才能作为认定案件事实的根据",这就意味着行政复议中虽然没有明确的质证环节,但也必须对双方的证据进行审查核实。

第四十四条 【被申请人的举证责任】被申请人对其作出的行政行为的合法性、适当性负有举证责任。

有下列情形之一的,申请人应当提供证据:

(一)认为被申请人不履行法定职责的,提供曾经要求被申请人履行法定职责的证据,但是被申请人应当依职权主动履行法定职责或者申请人因正当理由不能提供的除外;

(二)提出行政赔偿请求的,提供受行政行为侵害而造成损害的证

据,但是因被申请人原因导致申请人无法举证的,由被申请人承担举证责任;

(三)法律、法规规定需要申请人提供证据的其他情形。

2017年行政复议法	2023年行政复议法
	第四十四条 被申请人对其作出的行政行为的合法性、适当性负有举证责任。 有下列情形之一的,申请人应当提供证据: (一)认为被申请人不履行法定职责的,提供曾经要求被申请人履行法定职责的证据,但是被申请人应当依职权主动履行法定职责或者申请人因正当理由不能提供的除外; (二)提出行政赔偿请求的,提供受行政行为侵害而造成损害的证据,但是因被申请人原因导致申请人无法举证的,由被申请人承担举证责任; (三)法律、法规规定需要申请人提供证据的其他情形。

应用提示 ●●●●●●

本条规定了被申请人应承担举证责任以及由申请人负责举证的三种例外情况,是新《行政复议法》中非常重要的一个条款。

行政复议中由被申请人(行政机关)对其行政行为的合法性与适当性承担举证责任,申请人对自己提出的主张也负有一定的举证责任,但申请人与被申请人所负举证责任的范围和责任大小是有很大差异的。

1.被申请人的举证责任。在行政复议中,由被申请人对其作出的具

体行政行为的合法性与适当性负担举证责任,主要应对下列事实及法律问题提出证据予以证明:

(1)作出具体行政行为的事实根据。在行政复议中,原具体行政行为所指向的公民或者其他组织的行为是否合法,作出的具体行政行为是否有必要,条件是否具备等,都应由被申请人提供证据加以证明。

(2)适用法律、法规、规章和其他规范性文件的依据是什么,并提供证据证明适用这些法律、法规、规章和规范性文件的正确性。

(3)作出具体行政行为符合法定程序的相关证据。合乎法定程序也是行政行为合法的应有之义,违反法定程序作出的具体行政行为侵犯了行政管理相对人的合法权益。所以,被申请人应提供关于该具体行政行为程序合法的证据,包括有关通知书、回证、回执等。

(4)关于是否属于自身职权的证据。如果不属于自己的权限范围,比如工商部门去收税,税务部门去打假。行政机关应根据法律的立法宗旨并结合行政管理的实际来解释其行使职权的目的,各司其职,滥用职权即行政机关违反行政权的设定目的行使手中的权力。

(5)关于行政行为适当性的证据。根据新《行政复议法》的相关规定,具体行政行为明显不当的,可以撤销或变更。所以被申请人应提供其具体行政行为适当性的证据,而非畸轻或者畸重。

(6)对于不履行或者拖延履行法定职责的,被申请人应提供存在合法事由或正当事由的证据。在行政复议中,如果被申请人不能举出确凿的证据,证明具体行政行为的合法性与适当性,那么被申请人就要承担不利的复议结果。

行政机关当初作出具体行政行为时的证据、依据和其他有关材料之间是一种并列关系,作为认定事实存在的证据材料尤为重要,应当引起各级行政机关的重视。被申请人依法参加行政复议案件,要尊重法律,正确履行职责,慎重对待自己的举证责任。

2. 申请人的举证责任。申请人首先提供证据证明其复议申请符合法定条件,并进一步提供证据来论证被复议具体行政行为不合法、不适当。申请人主要应对下列事项承担举证责任:

(1)证明行政机关对其作出的具体行政行为的存在。如申请人不服某个行政处罚而申请复议,就应在提出复议时一并提交行政机关作出的行政处罚决定书。

(2) 在被申请人不作为的案件中,申请人应证明其向行政机关提出申请的事实。本条明确规定:认为被申请人不履行法定职责的,提供曾经要求被申请人履行法定职责的证据,但是被申请人应当依职权主动履行法定职责或者申请人因正当理由不能提供的除外。

(3) 在一并提起的行政赔偿申请中,申请人应证明因受被复议的具体行政行为的侵害而造成损失的事实以及实际损失大小。本条明确规定:申请人提出行政赔偿请求的,提供受行政行为侵害而造成损害的证据,但是因被申请人原因导致申请人无法举证的,由被申请人承担举证责任。

(4) 有关复议程序的事实。如申请人主张因不可抗力的其他正当理由耽误法定期限的,应就不可抗力和其他正当理由的实际发生承担举证责任。

(5) 兜底条款。法律、法规规定需要申请人提供证据的其他情形,注意这里用语是"法律、法规规定",而没有"规章规定"的说法。

▎典型案例 ●●●●●●

某贸易公司不服某海关估价及征税行为案(司法部行政复议司发布)①

申请人:某贸易有限公司

被申请人:某海关

申请人不服被申请人对其进口的红葡萄酒作出的估价及征税行为,向行政复议机关申请行政复议。

申请人认为,其进口红葡萄酒的申报价格为真实进口价格且供货商信誉良好,不存在虚报价格的情况,同时被申请人在估价过程中剥夺申请人的价格磋商权利,估价程序违法,估价结论也明显不合理。因此请求复议机关撤销估价结论并责令被申请人重新核实报关材料和所有补充材料,按照申请人申报的进口价格计税,退还不应缴纳的税款。

被申请人认为,申请人的申报材料不足以证明其申报价格的真实性与准确性,启动估价程序后,申请人未在规定的时限内与被申请人进行价格磋商,视为其放弃价格磋商权利。

---

① 司法部行政复议司主编:《行政复议典型案例选编》(2016~2017),中国法制出版社2018年版。

被申请人最终以合理方法确定该票货物价格并征收税款。因此,该票货物审定价格环节操作程序合法、依据合理,没有重新审定价格的必要,不存在退还税款的情况,建议行政复议机关维持其依法作出的估价结论及征税决定。

行政复议机关认为,被申请人未依法使用合理方法确定完税价格;查询和使用的海关估价系统价格资料不具有可参考性;与代理单位进行价格磋商,导致纳税义务人的价格磋商权利并未行使,程序违法;履行价格磋商程序不符合期限规定。综上所述,行政复议机关决定撤销被申请人对申请人该票进口红葡萄酒的估价结论及征税决定,并责令其60日内重新对该票货物进行估价并征税。

【焦点问题评析】

一、申请人该票报关单下的进口红酒申报价格是否真实准确

本案中,对于申请人进口申报价格是否真实准确的问题,双方争议很大。从案件事实看,申请人在申报时提交了箱单、商业发票(非原厂商发票)、提单、酒标复印件、合同等,后申请人又提交了法国海关给供货商的退税单、供货商提供的生产价格证明,申请人认为其提交的材料足以证明其申报价格的真实准确性。从法律规定看,根据《海关总署2010年第17号关于规范进口葡萄酒有关事项的公告》第二条第二项的规定,进口货物收货人及其代理人申报进口时除提交目前海关规定要求的单证和资料外,还应向海关提交原厂商发票。无法提交原厂商发票的,应提交由境外贸易商制发的商业发票,发票上应当包括生产厂商名称和原厂商发票的编号。在本案中,申请人在申报时提交的是由境外贸易商制发的商业发票,但不包含生产厂商名称和原厂商发票编号,不符合上述规定,因此申请人提供的材料并不足以证明其申报价格真实准确。

二、被申请人的估价程序及估价结论是否合法合理

(一)被申请人的价格磋商程序是否合法

本案中,被申请人在1月27日现场接单并启动验估程序,向申请人制发并送达了《价格质疑通知书》,2月3日启动价格磋商程序,制发了《价格磋商通知书》并送达申请人的代理报关单位。根据《海关审定进出口货物完税价格办法》(海关总署令213号,以下简称《办法》)第四十四条的规定,纳税义务人或者其代理人应当自收到《价格质疑通知书》之日起5个工作日内,以书面形式提供相关资料或者其他证据,证明其申报价格真实、准确。纳税义务人或其代理人即使未提交相关材料或其他证据,海关最少也需经5个工作日才能启动价格磋商程序。本案中被申请人自送达《价格质疑通知书》之日起不足5

个工作日便启动了价格磋商程序,在程序上违反了上述规定。根据《办法》第四十七条的规定,海关应当依法向纳税义务人制发《价格磋商通知书》。本案中,《价格磋商通知书》的送达对象并非纳税义务人而是代理报关单位,代理报关单位也未获得纳税义务人关于价格磋商方面的授权,导致《价格磋商通知书》并未实际送达申请人,申请人价格磋商的权利实际无法行使。同时,代理报关单位与海关磋商的法律结果因报关单位的无权代理而无法归于申请人,导致价格磋商无效。

(二)海关估价系统中的价格资料在本案中是否具有参考性

本案中,被申请人称其查询和使用了海关估价系统中的价格资料,并在确定货物的完税价格时参考了该价格资料。经行政复议机关查明,被申请人提供的参考价格资料中的货物与申请人申报的货物存在较大差异。进口红葡萄酒的价格受产地、年份、级别等因素影响,同时出产葡萄酒的酒庄也是重要的价格参考因素。本案中涉及的葡萄酒与系统中被申请人用作参考的葡萄酒出产的酒庄并不相同,而酒庄对葡萄酒的价格有较大影响,不同酒庄的葡萄酒的价格资料不具有可参考性,被申请人参考不具有参考性的价格资料得出的估价结论不合理。

(三)被申请人是否依法使用合理方法确定完税价格

本案中,被申请人称其使用了合理方法,确定该票葡萄酒的完税价格为每瓶5欧元。根据《办法》第六条的规定,使用合理方法进行估价时,应当根据"客观、公平、统一"的原则,以客观量化的数据资料为基础审查确定进口货物完税价格。在案件审查过程中,被申请人无法提供客观量化的数据资料来证明其使用了合理方法确定该票货物的完税价格,不符合第二条规定的"客观、公平、统一"的审价原则。被申请人虽然认为其使用的是合理方法,但其并未严格依法进行,不符合《办法》的有关规定。(大连海关提供)

典型案例 ●●●●●●

郭某某不服某乡人民政府限期拆除通知书申请行政复议案(宁夏回族自治区司法厅公布)

【决定摘要】

行政机关在履行行政管理职责、开展行政执法活动时,应当按照合法、合理的原则进行,如果仅制作了通知书、催告书等执法文书,但并未以法定方式送达行政相对人,没有保证行政相对人的陈述、申辩等合法权利,属于严重的程序违法,产生的不利后果应由行政机关承担。本案中,某乡人民政府没有依照法定程序履行职责,没有保证行政相对人的合法权益,没有在《行政复议法》规定的期限内提交作出具体行政行为的证据材料,同时鉴于该行政行为已不具有可撤销性,行政行为为被复议机关依法确认违法。复议机关的确认违法决定,一方面维护了行政相对人的合法权益,另一方面对其他行政机关起到了良好的警示、教育及引导作用,同时捍卫了法律的尊严与权威。

【争议焦点】

(1)被申请人作出的《限期拆除通知书》主体是否适格,认定事实是否清楚、程序是否合法,适用法律依据是否正确;(2)被申请人作出的《限期拆除通知书》应该如何执行?

【基本案情】

申请人:郭某某

被申请人:某乡人民政府

2021年3月29日,被申请人某乡人民政府作出《限期拆除通知书》,载明申请人未经批准在某路南占地建房、搭建临建房,限申请人于4月4日前自行拆除在非法占用土地上新建的建筑物、构筑物,退还非法占用的土地,恢复土地原状。4月20日,被申请人对申请人的建筑物、构筑物进行强制拆除。申请人对该《限期拆除通知书》不服,于2021年7月2日向复议机关申请行政复议,请求撤销该《限期拆除通知书》,并确认某乡人民政府的强制拆除行为违法。

申请人认为,被申请人作出的《限期拆除通知书》是行政强制措施,没有立案审批,没有在文书中载明申请人所享有的诉讼或异议的权利等,没有告知申请人陈述、申辩的权利,没有充分结合申请人承包时间以及考虑历史遗留问题等,同时申请人在草原四至边上建造设施用房,并不需要向城乡规划行政部门申请办理建设用地规划许可证,且申请人所承包的土地不属于城乡规划区内,所建房屋也不属于乡镇企业、乡村公共设施和公共事业建设,并没有违反《土地管理法》的规定。被申请人依据《土地管理法》将申请人的设施拆除,属于事实认定错误、程序违法、适用法律依据错误。被申请人认为申请人建造的房屋已被强制拆除,案涉《限期拆除通知书》不具有可撤销内容。《限期拆除通知书》的性质属于行政决定,并非行政强制措施。申请人占用未经批准的土地,搭建临建房,其行为违法。被申请人作出《限期拆除通知书》事实清楚,且被申请人向申请人依法进行了送达,程序合法,适用法律依据正确。

复议机关受理案件后,被申请人某乡人民政府未在答复期限内向复议机关提交作出强制拆除行为所依据的事实性证据及程序性证据等材料,所提交的《履行限期拆除决定催告书》《强制拆除公告》《强制拆除决定书》等材料均未送达当事人签收。

复议机关认为,被申请人在答复期限内未向复议机构提交作出强制拆除行为所依据的事实性证据及程序性证据等材料,根据《行政复议法》第二十三条、第二十八条第一款第(四)项"被申请人不按照本法第二十三条的规定提出书面答复、提交当初作出具体行政行为的证据、依据和其他有关材料的,视为该具体行政行为没有证据、依据"的规定,同时综合考虑申请人案涉建筑物、构筑物已被被申请人强制拆除,申请人请求撤销《限期拆除通知书》已不具有可撤销内容。最终法院依据《行政复议法》第二十八条第一款第(三)项之规定,复议机关决定:确认被申请人某乡人民政府强制拆除行为违法。

> **第四十五条 【调查取证的权力】**行政复议机关有权向有关单位和个人调查取证,查阅、复制、调取有关文件和资料,向有关人员进行询问。
>
> 调查取证时,行政复议人员不得少于两人,并应当出示行政复议工作证件。
>
> 被调查取证的单位和个人应当积极配合行政复议人员的工作,不得拒绝或者阻挠。

2017年行政复议法	2023年行政复议法
第三条第一款第二项 依照本法履行行政复议职责的行政机关是行政复议机关。行政复议机关负责法制工作的机构具体办理行政复议事项,履行下列职责: …… (二)向有关组织和人员调查取证,查阅文件和资料;	第四十五条 行政复议机关有权向有关单位和个人调查取证,查阅、复制、调取有关文件和资料,向有关人员进行询问。 调查取证时,行政复议人员不得少于两人,并应当出示行政复议工作证件。 被调查取证的单位和个人应当积极配合行政复议人员的工作,不得拒绝或者阻挠。

应用提示

本条主要规定了行政复议机关调查取证的权力。注意本条使用的术语是"行政复议机关",而非"行政复议机构",因为机构是机关内设的具体办事部门,如果相关工作人员外出向有关单位或者个人调查取证的,开具的介绍信、证明或调查令应加盖行政复议机关的公章,并出示行政复议工作证件,本条还专门规定了调查取证时"至少应两人"。具体调查取证方式包括查阅、复制、调取有关文件和资料,向有关人员进行询问。被调查取证的单位和个人应当积极配合行政复议人员的工作,不得拒绝或者阻挠,这是对行政复议机关的尊重,也是对法治的尊重。行政复议机构工作人员代表行政复议机关调查取证所得的,也应属于证据。

典型案例

李某春、李某贵不服某乡人民政府土地行政确权申请行政复议案(宁夏回族自治区司法厅公布)

【决定摘要】

在被申请人无有力证据证明案涉土地系村集体所有的情况下,结合案涉土地由申请人长期使用,其间被申请人及某村委会未提出异议的事实,复议机关向有关单位和个人调查取证,查阅、复制、调取有关文件和资料,向有关人员进行询问。最终按照《土地权属争议调查处理办法》关于"从实际出发,尊重历史,面对现实"的原则最终认定被申请人将案涉5亩土地权属归村集体所有,不予确权给李某春、李某贵父子的确权决定缺乏证据支持,应予撤销。

【争议焦点】

被申请人作出的土地确权决定是否合法、适当?

【基本案情】

申请人:李某春、李某贵

被申请人:某乡人民政府

第三人:某销售公司

2021年7月,申请人不服某乡人民政府作出的《关于李某贵(李某春)反映纠纷土地确权的决定》,向复议机关提出复议。申请人认为其对案涉土地依法享有承包经营权,被申请人作出的确权决定事实认定不清,依法应当予以撤销。被申请人认为申请人主张案涉土地系其合法承包的理由不能成立,其作出将案涉5亩土地权属归村集体所有,不予确权给李某春、李某贵父子的确权决定正确。

申请人李某春系某乡某村村民,生育二子,申请人李某贵系李某春次子,父子三人分户生活。二轮土地承包时,李某春分得承包地20亩。1999年7月11日,李某春将林地和废旧瓦厂共计2.3亩租赁给马某某的父亲用于办砖厂,租赁期限为长期。时任村支书、队长和某乡法律服务所进行了见证。2013年4月3日,第三人与李某贵签订承包协议,协议约定李某贵将案涉5亩地租赁给第三人,租赁期限9年,租赁用途为办砖厂。2016年土地确权时,申请人李某春父子三户确权总面积17.68亩,涉案5亩土地未纳入确权。2019年6月,第三人在重建办公房时,申请人阻挡不让其施工。第三人遂向某县扫黑办举报其与两位申请人因土地纠纷引发其他纠纷,需要被申请人土地确权。案件被转送被申请人,被申请人成立了专门的核查小组,走访了相关证人后,于2019年7月9日作出《关于马某某与李某春、李某贵父子土地纠纷问题线索核查办理结果的函》,结论为案涉土地权属归村集体所有,不予确权归马某某或李某春、李某贵父子,当时未作出具体的土地确权决定书。与此同时,第三人将两位申请人起诉至某县人民法院要求申请人排除妨害,法院以第三人未能提出充分有效证据证明其合法占有使用案涉土地为由,驳回了第三人的诉讼请求。2021年6月,被申请人根据"李某贵举报某乡政府马某某从2019年把当事人李某贵租给某县某建材有限公司二十余年的5亩土地收为集体所有,不给处理结果"的线索,作出《关于李某贵(李某春)反映纠纷土地确权的决定》,将争议的5亩土地权属归村集体所有,不予确权给李某春、李某贵父子。依据有三:(1)某乡扫黑除恶专项斗争线索处理结果;(2)某县农经站依据走访群众一致反映涉案土地为村集体荒沟,查阅确权档案资料及2014年航拍图,认定申请人主张涉案土地范围内无应确权耕地;(3)2016年土地确权过程中,两位申请人确权面积共12.94亩,并经两位申请人签字确认为"无异议"。

复议机关认为,个人之间、个人与单位之间对土地的所有权和使用权有争议,乡级人民政府有权作出处理。本案中,申请人与第三人因纠纷引发土地使用权属争议,被申请人对争议处理主体合法。在程序方面,首先,解决土地权属纠纷属于行政裁决,应当按照申请、受理、调查、审理、决定、送达等程序作出,本案被申请人依据申请人信访线索启动确权程序,且在确权过程中未严格按照法定程序和规范进行。其次,按照《土地权属争议调查处理办法》第二十三条和《宁夏回族自治区行政程序规定》第八十三条规定,土地确权中,被申请人进行土地确权过程中未进行调解即作出确权决定,属于程序违法。在事实认定方面,第一,被申请人作出的确权决定所依据的相关证人证言与确权结论相悖,且本案某村村委会是争议土地的利害关系人,其村支书却作为调查人进行了案件事实的调查,不符合法律规定。第二,被申请人称其所依据某县农经站走访群众一致反映涉案土地为村集体荒沟,并无相关证据证实。确权档案资料及2014年航拍图仅能反映已确权土地情况及争议土地现状,并不能证明争议土地原貌及归属。第三,2016年土地确权过程中,申请人李某春及二子确权土地面积共17.68亩,与李某春二轮承包土地亩数不符,是否与案涉土地有关,没有核查清楚。在适当性上,一方面,1999年马某与申请人李某春签订《承包协议书》,约定将申请人所有的林地及使用瓦厂承包给马某使用的事实,由时任村支书、队长和法律服务所进行了见证,在法院审理中也对该事实进行了确认,作为普通村民的申请人认为其对该出让土地的使用权被认可,合乎常理。另一方面,申请人与马某及第三人先后签订的《承包协议书》已经过较长时间履行,应当视为长期存在的事实,应适用《土地权属争议调查处理办法》第三条"调查处理土地权属争议,应当以法律、法规和土地管理规章为依据,从实际出发,尊重历史,面对现实"之规定。

复议机关最终认为:被申请人作出的具体行政行为程序不当、事实不清,不具有合理性,复议机关作出《行政复议决定书》,撤销被申请人某乡人民政府作出的土地确权决定。

第四十六条 【被申请人不得自行取证】行政复议期间,被申请人不得自行向申请人和其他有关单位或者个人收集证据;自行收集的证据不作为认定行政行为合法性、适当性的依据。

行政复议期间,申请人或者第三人提出了被申请行政复议的行政行为作出时没有提出的理由或者证据的,经行政复议机构同意,被申请人可以补充证据。

2017 年行政复议法	2023 年行政复议法
第二十四条 在行政复议过程中,被申请人不得自行向申请人和其他有关组织或者个人收集证据。	第四十六条 行政复议期间,被申请人不得自行向申请人和其他有关单位或者个人收集证据;自行收集的证据不作为认定行政行为合法性、适当性的依据。 行政复议期间,申请人或者第三人提出被申请行政复议的行政行为作出时没有提出的理由或者证据的,经行政复议机构同意,被申请人可以补充证据。

应用提示

本条属于修改条款,主要规定了除非特殊例外情况,被申请人不得在行政复议期间自行取证,相较于原条文的规定,修改后的条款更为严谨。具体阐释如下:

1. 时间限制。整个行政复议期间,被申请人都不得再次收集证据。因为申请人提出复议申请的时候,行政行为已经作出,彼时作出行政行为时就应该有相关的事实及法律依据,而不是被申请复议的时候再临时补证。

2. 法律效果。被申请人自行收集的证据不作为认定行政行为合法性、适当性的依据。这意味着,即便被申请人事后又自行收集了很多证据,坐实申请人违法、违规,也不能在此次行政复议中作为认定其被复议的行政行为合法性、适当性的依据。

3. 例外情况。行政复议期间,申请人或者第三人提出了被申请行政复议的行政行为作出时没有提出的理由或者证据的,经行政复议机构同意,被申请人可以补充证据。也就是说,先前申请人或者第三人没有提出的,突然新提出的理由或者证据,被申请人可以补充证据,但前提也需要经过行政复议机构同意,才能补充提交并作为依据。

如上规定与《行政诉讼法》中对于被告的举证责任的要求基本一致,目的都是倒逼行政机关在作出行政行为时,就要积极调查,充分取证,奠定坚实的证据基础,而不是等到行政争议产生之后再去找补相关证据。

> 第四十七条 【申请人、第三人的查阅、复制权】行政复议期间,申请人、第三人及其委托代理人可以按照规定查阅、复制被申请人提出的书面答复、作出行政行为的证据、依据和其他有关材料,除涉及国家秘密、商业秘密、个人隐私或者可能危及国家安全、公共安全、社会稳定的情形外,行政复议机构应当同意。

2017年行政复议法	2023年行政复议法
第二十三条第二款 申请人、第三人可以查阅被申请人提出的书面答复、作出**具体**行政行为的证据、依据和其他有关材料,除涉及国家秘密、商业秘密**或者**个人隐私外,行政复议**机关不得拒绝**。	第四十七条 行政复议期间,申请人、第三人**及其委托代理人**可以**按照规定**查阅、**复制**被申请人提出的书面答复、作出行政行为的证据、依据和其他有关材料,除涉及国家秘密、商业秘密、个人隐私**或者可能危及国家安全、公共安全、社会稳定的情形外**,行政复议机构应当同意。

▎**应用提示** ●●●●●●

本条为修改条款,主要规定了在行政复议期间,申请人、第三人的查阅、复制的权利。具体阐释如下:

1. 查阅复制权行使时间为行政复议期间,如果还没有提出复议申请,并被行政复议机关受理的,并不算进入行政复议期间,如果行政复议决定已经作出的,也不属于行政复议期间。只有在起点与终点之间,才算属于行政复议期间,所以想要查阅、复制相关材料的,必须在这个时间段内及时提出。

2. 可查阅及复制的内容具体包括"被申请人提出的书面答复、作出行政行为的证据、依据和其他有关材料"。必须知道对方说了什么、做了什么,才可能知道自己需要证明什么、反驳什么,保障申请人以及第三人的查阅、复制的权利,也是保障行政复议机构能够查证事实,核实证据,作出正确的复议决定的基础。

第四章　行政复议审理　　95

3. 例外情况。在涉及国家秘密、商业秘密、个人隐私或者可能危及国家安全、公共安全、社会稳定的情形外，行政复议机构可作出不同意查阅、复制的决定。需要注意的是，本次修改增加了"可能危及国家安全、公共安全、社会稳定的情形外"，类似情形不可避免有主观判断的成分，是把判断的权力交给了行政复议机构。

第三节　普 通 程 序

> 第四十八条　【复议程序事项】行政复议机构应当自行政复议申请受理之日起七日内，将行政复议申请书副本或者行政复议申请笔录复印件发送被申请人。被申请人应当自收到申请书副本或者行政复议申请笔录复印件之日起十日内，提出书面答复，并提交作出行政行为的证据、依据和其他有关材料。

2017年行政复议法	2023年行政复议法
第二十三条第一款　行政复议<u>机关负责法制工作的</u>机构应当自行政复议申请受理之日起七日内，将行政复议申请书副本或者行政复议申请笔录复印件发送被申请人。被申请人应当自收到申请书副本或者申请笔录复印件之日起十日内，提出书面答复，并提交<u>当初</u>作出<u>具体</u>行政行为的证据、依据和其他有关材料。	第四十八条　行政复议机构应当自行政复议申请受理之日起七日内，将行政复议申请书副本或者行政复议申请笔录复印件发送被申请人。被申请人应当自收到**行政复议**申请书副本或者**行政复议**申请笔录复印件之日起十日内，提出书面答复，并提交作出行政行为的证据、依据和其他有关材料。

▎应用提示 ●●●●●●●●

本条只是将原来的"行政复议机关负责法制工作的机构"调整为"行政复议机构"，其余关于程序的表述与前一致。

这里需要注意的是"七日"与"十日"的规定，行政复议机构应当自行政复议申请受理之日起七日内,将行政复议申请书副本或者行政复议申请笔录复印件发送被申请人。这意味着,一周之内,要把申请人的行政复议申请发给行政机关。此后,被申请人应当自收到申请书副本或者申请笔录复印件之日起十日内,提出书面答复,并提交作出行政行为的证据、依据和其他有关材料。

再结合本法第三十条的规定,行政复议机关收到行政复议申请后,应当在五日内进行审查。对符合下列规定的,行政复议机关应当予以受理。相当于"五日+七日+十日",一共二十二日,直接进入了争议处理的核心地带,这种极短的时限规定也体现了行政复议高效解决行政争议的效率价值。

典型案例

刘某不服某市司法局作出的投诉答复案(司法部行政复议司发布)[①]

申请人:刘某

被申请人:某市司法局

2015年1月,某县种子管理站委托某农业技术司法鉴定所(以下简称鉴定所)对申请人销售的玉米种子进行鉴定。委托鉴定事项为:一是被鉴定种子是否适合本地区种植;二是如造成损失是否同该品种存在因果关系;三是该品种出现混杂现象是否符合《种子法》的相关规定;四是现场测产。2015年1月20日,鉴定所作出《司法鉴定检验报告》,鉴定意见为:一是被鉴定种子不应该在该地区推广种植;二是该玉米品种未经种子管理机构审定,违反了《种子法》的相关规定,如造成损失同该品种存在因果关系;三是该品种出现混杂现象不符合《种子法》的相关规定;四是经现场测产平均产量2770.05公斤/公顷。申请人不服该鉴定报告,于2015年2月11日向被申请人投诉,投诉事项为:一是鉴定所在执业活动中违反了《司法鉴定执业活动投诉处理办法》(司法部令第123号,以下简称《投诉处理办法》)第八条第二项规定,违反司法鉴定程序规则从事司法鉴定活动。二是鉴定所违反了《投诉处理办法》第八条第三项规定,给申请人合法权益造成了损害。2015年3月27日,被申请人受理申请人投诉,于当日作出受理通知书并邮寄送达申请人。2015年3月30

---

① 司法部行政复议司主编:《行政复议典型案例选编》(2016~2017),中国法制出版社2018年版。

日,被申请人作出《关于对刘某投诉某农业技术司法鉴定所的答复》(以下简称《答复》),主要内容为:一是申请人投诉的事项属于专业技术问题,应由专业技术执业司法鉴定人员出庭质证解决;二是鉴定所出具的鉴定报告未进入诉讼程序,被申请人无法调查。申请人不服《答复》,提出行政复议申请。

申请人认为,《答复》中称其反映的问题属于专业技术问题,应当由专业技术执业司法鉴定人员出庭作证解决,但是被申请人却没有委托专业人员出庭作证,也没有让申请人委托专业人员出庭作证,被申请人只对参加测产持证人员进行了答复,而对踩点不具有代表性、实测产量工时运用不当致使测产结果不准确等问题没有给予答复。根据《全国人大常委会关于司法鉴定管理问题的决定》(以下简称《鉴定管理问题的决定》)第十二条和《农作物种子质量纠纷田间现场鉴定办法》的有关规定,被申请人应按照专业法及相关法律、法规、标准、技术操作规范进行现场鉴定,但是《答复》却说司法行政机关没有下发行业标准和技术规范。申请人认为被申请人作出的《答复》侵害了其合法权益,应当依法撤销。

被申请人认为,第一,申请人的第一个投诉事项属于专业技术问题。第二,对申请人投诉的第二个事项,一是损失无法确认;二是申请人没有证据证明其合法权益受到损害。第三,属于行业专业技术问题的,根据《鉴定管理问题的决定》第十一条的规定,应由专业技术执业司法鉴定人员在诉讼中出庭质证解决。第四,司法行政机关没有下发关于种子鉴定的行业标准和技术规范。因此,被申请人作出的《答复》认定事实清楚,证据充分,程序合法,内容适当,依法应予维持。

行政复议机关认为,第一,申请人投诉的事项符合《投诉处理办法》第八条第二项、第三项的规定。第二,根据《投诉处理办法》第二条的规定,被申请人具有处理申请人投诉事项的法定职责。第三,根据《投诉处理办法》第十六条、第十七条的规定,被申请人受理申请人投诉后,应当开展调查工作,并依法向复议机关提交依法调取的卷宗以及相关调查材料。但是,在本案审查过程中,被申请人没有依法向行政复议机关提交其对鉴定所进行调查的证据和相关卷宗材料。被申请人作出的《答复》属于主要事实不清、证据不足,违反法定程序,依法应予撤销。

【焦点问题评析】

被申请人未在法定期间内提供当初作出具体行政行为时的证据的法律后果。根据《行政复议法》第二十三条第一款规定,被申请人在行政复议案件审理过程中,依法提交作出具体行政行为的证据、依据和其他有关材料并接受审查是其法定义务,亦是下级行政机关接受上级行政机关监督的行政原则的体现。本案中,被申请人在收到行政复议申请书副本之日起十日内,向行政复议机关提交了书面答复和相关依据,但没有一并提交作出《答复》时的有关证据材料,属于未在法定期间内提供当初作出具体行政行为时的证据的情形,依法应当承担不利的后果。虽然之后被申请人在行政复议机关召开的听证会上出示了鉴定所的卷宗等有关证据,但已经超过法定举证期限,不能作为其作出《答复》的证据材料使用,被申请人应当承担举证不能的不利后果。行政复议制度的主要特点之一即由被申请人也就是行政机关负责举证。作为被申请人的行政机关未在法定期间内向行政复议机关提供其当初作出具体行政行为时的证据材料,便无法证明该具体行政行为有客观事实证据存在,其直接后果便是该具体行政行为主要事实不清、证据不足,违反法定程序,导致该具体行政行为违法,应当被行政复议机关依法撤销。(黑龙江省司法厅提供)

第四十九条 【听取意见原则及例外】适用普通程序审理行政复议案件,行政复议机构应当当面或者通过互联网、电话等方式听取当事人的意见,并将听取的意见记录在案。因当事人原因不能听取意见的,可以书面审查。

2017年行政复议法	2023年行政复议法
第二十二条 行政复议原则上采取书面审查的办法,但是申请人提出要求或者行政复议机关负责法制工作的机构认为有必要时,可以向有关组织和人员调查情况,听取申请人、被申请人和第三人的意见。	第四十九条 适用普通程序审理的行政复议案件,行政复议机构应当当面或者通过互联网、电话等方式听取当事人的意见,并将听取的意见记录在案。因当事人原因不能听取意见的,可以书面审理。

▎ 应用提示 •••••

本条相较于原条文,属于翻天覆地的变化,原《行政复议法》规定了"书面审查为原则,听取意见为例外",而新《行政复议法》规定了"听取意见为原则,书面审查为例外",体现了行政复议中便民为民、公正公开的原则。

申请人既然提出行政复议申请,就是认为被申请人的做法侵犯了其合法权益,内心不服,所以希望上一级行政机关能主持公道,"听取"本身就是一种"息诉"的姿态,所以新《行政复议法》明确规定"应当当面或者通过互联网、电话等方式听取当事人的意见,并将听取的意见记录在案",这里用的是"当事人",这一术语既包括申请人、第三人,也包括被申请人,而且明确要"将听取的意见记录在案",这意味着不是随便听听,而是要转化成文字,记录整理在行政复议案卷之中作为定案依据的。只有一种情况可以例外,那就是当事人自己不愿意、不主动也不配合的情况,"因当事人原因不能听取意见的,可以采取书面审查的办法。"

听取意见作为复议程序的必经步骤,改变了以往行政复议只是书面审理的模式,让双方当事人尤其是申请人得以有口头表述的机会,使得诉求表达更为清楚充分,也增强了行政复议的公信力,切实起到了定分止争的作用。

典型案例

殷某某不服某市为第三人颁发《水域滩涂养殖使用证》案[①]

申请人:殷某某

第三人:王某某

2015年年初,某市水库供水工程征收土地,本案争议的鱼塘在征收范围内,殷某某认为王某某领取了自己鱼塘的征地补偿款,遂将王某某诉至某区人民法院,请求返还原物。人民法院第二次开庭审理时,王某某出示了《水域滩涂养殖使用证》(以下简称《水产养殖证》)。2015年6月10日,人民法院通过水产部门查档核实确认该《水产养殖证》,殷某某才得知该《水产养殖证》。殷某某不服某市人民政府为王某某颁发的《水产养殖证》,向行政复议机关提出行政复议申请。

申请人认为,第一,该鱼塘为申请人父亲殷某于1985年雇人挖掘的,并于1992年取得某市河道管理处颁发的《河道临时采砂许可证》,从鱼塘中抽沙子

---

① 司法部行政复议司主编:《行政复议典型案例选编》(2016~2017),中国法制出版社2018年版。

用于鱼塘加深越冬。1993年某乡政府为殷某办理了《养殖渔业登记卡片》。第二，殷某经营鱼塘多年，2001年殷某去世，该鱼塘归儿子殷某某所有。第三，1984年至1993年，村书记刘某陪同殷某去水库申请办理过《水产养殖证》，水库负责人答复说水库上游不能设鱼塘，可能污染水源，没有批准，但为何王某某却能办理《水产养殖证》。某市人民政府违法为王某某发放《水产养殖证》非法侵占殷某某的鱼塘，请求撤销该证。

被申请人认为，第一，2002年8月，王某某持某村开具的介绍信，到某市水产总站申请办理《水产养殖证》变更（从王某名下更名至王某某名下），并填写了《水产养殖证》申请表。第二，2003年3月，经某市水产总站调查核实，确认王某与王某某系父子关系，且王某于1982年在某村建设了近20亩鱼塘，并于1983年5月29日取得某行政公署水产局颁发的水产养殖证（此后，某行政公署变更为某市人民政府），该养殖证在某市水产总站的渔业档案中有记载。二轮土地承包时，王某将该鱼塘转给其子王某某继续养鱼，该情况符合规定。某市水产站实地勘测后绘制了水域滩涂地理坐标及四至范围，经某村会计杨某指界认界后，给王某某办理了本案争议的《水产养殖证》。该发证行为事实清楚、来源清晰、程序合法。请求予以维持。

行政复议机关认为，《渔业法》第十一条第一款规定："国家对水域利用进行统一规划，确定可以用于养殖业的水域和滩涂。单位和个人使用国家规划确定用于养殖业的全民所有的水域、滩涂的，使用者应当向县级以上地方人民政府渔业行政主管部门提出申请，由本级人民政府核发养殖证，许可其使用该水域、滩涂从事养殖生产。核发养殖证的具体办法由国务院规定"。本案中，某市水产管理总站是某市渔业主管部门所属的渔政监督管理机构，代市级人民政府审核颁发水产养殖证。其为王某某颁发《水产养殖证》的行为，认定事实清楚，证据确凿，适用依据正确，程序合法，内容适当，依法应予维持。

【思考与启示】

一、行政机关在行政复议案件审理中，应针对申请人提出的主张进行有针对性的答复意见

本案中，被申请人只是从自身发证的基本事实、发证程序进行答复，并未针对申请人提出的行政复议申请书中主张的内容进行有针对性的答复和历史客观事实调查，这就给行政复议案件的审理带来了一定的困难。申请人提出的"曾经于1984年至1993年，村书记刘某陪同殷某去水库申请办理过《水产养殖证》，水库负责人答复说水库上游不能设鱼塘，可能污染水源，没有批准，

但为何王某某却能办理《水产养殖证》"的问题。假设该情况属实,也无可厚非。因水库管理单位只是水利行政主管部门的派出机构,其职能只是对水库的设施进行管理和维护,并无审批颁发水产养殖许可证照的权限。申请人不去有审批权的水产部门申请,却去没有审批的水利部门申请,当然不能获得批准。某市人民政府给王某某颁发《水产养殖证》的过程中,并不存在排斥限制其他申请人,而弄虚作假只给王某某办证的问题。

二、办案应细致入微,查证争议问题的来龙去脉和历史沿革情况

行政复议机关为了确定该行政行为的具体指向标的物,专程赴某市某区人民法院调取了两次开庭审理笔录和人民法院现场勘验笔录,确定了第一开庭审理时,双方提出鱼塘位置不一致,第二次开庭审理现场勘验时,经双方指认确定的是同位置的同一个鱼塘的事实情况。在此基础上,行政复议机关又查清了王某某的父亲王某于1982年挖掘鱼塘,并于1983年经水产部门批准办理了《水产养殖证》。在王某经营不善将鱼塘撂荒并携家属外出打工期间,申请人之父殷某于1986年前后挖开该鱼塘取砂后用于养殖,其实质是擅自使用他人撂荒鱼塘。殷某于2001年死亡,殷某某认为自己父亲在该鱼塘养过鱼则该鱼塘理应归自己所有,亦不能得到法律上的认可和支持。(黑龙江省人民政府法制办公室提供)

第五十条 【听证制度】审理重大、疑难、复杂的行政复议案件,行政复议机构应当组织听证。

行政复议机构认为有必要听证,或者申请人请求听证的,行政复议机构可以组织听证。

听证由一名行政复议人员任主持人,两名以上行政复议人员任听证员,一名记录员制作听证笔录。

2017 年行政复议法	2023 年行政复议法
	第五十条 审理重大、疑难、复杂的行政复议案件,行政复议机构应当组织听证。 行政复议机构认为有必要听证,或者申请人请求听证的,行政复</td>

| | 议机构可以组织听证。
听证由一名行政复议人员任主持人,两名以上行政复议人员任听证员,一名记录员制作听证笔录。 |
|---|---|

应用提示

本条是关于行政复议听证制度的规定,四个条款层层递进。

第一款规定了必须听证的情形,审理重大、疑难、复杂的行政复议案件,行政复议机构应当组织听证。但这个"重大、疑难、复杂"的判断权,属于行政复议机构。

第二款规定了可以听证的情形,其中一种是"行政复议机构认为有必要听证",是对前一款的补充,比如行政复议机构认为相关行政争议比较高发,类似申请比较多,听证会有助于阐释并富有教育意义的;另一种则是"申请人请求听证的,行政复议机构可以组织听证",这里使用的是"请求+审查"的方式,也就是说申请人提出召开听证会的申请,行政复议机构予以审查,同意的则可以组织听证,不同意的则不予以组织。这里要强调的是,本条只有申请人可以提出,并未赋予第三人提出听证的权利。

第三款规定了听证人员的组成,至少包括四个人,其中听证由一名行政复议人员任主持人,两名以上行政复议人员任听证员,一名记录员制作听证笔录。

听证会的举办,要么是案件达到重大、疑难、复杂的程度,要么是行政复议机构认为有必要进行,从而构建一个比较正式的"沟通/对抗"渠道,听证制度彰显了行政复议的公正、公平、严肃及慎重。

> **第五十一条 【听证应事先通知】**行政复议机构组织听证的,应当于举行听证的五日前将听证的时间、地点和拟听证事项书面通知当事人。
>
> 申请人无正当理由拒不参加听证的,视为放弃听证权利。
>
> 被申请人的负责人应当参加听证。不能参加的,应当说明理由并委托相应的工作人员参加听证。

2017年行政复议法	2023年行政复议法
	第五十一条 行政复议机构组织听证的,应当于举行听证的五日前将听证的时间、地点和拟听证事项书面通知当事人。 申请人无正当理由拒不参加听证的,视为放弃听证权利。 被申请人的负责人应当参加听证。不能参加的,应当说明理由并委托相应的工作人员参加听证。

▎应用提示 ●●●●●●

本条为新增条款,规定了听证的具体程序,重点是要提前五天通知,通知包括听证的时间、地点和拟听证事项,通知的形式为书面通知,通知的对象包括申请人、第三人及被申请人。申请人无正当理由拒不参加听证的,视为放弃听证权利,不影响听证会的正常举行。

本条第三款还明确规定,被申请人的负责人应当参加听证。不能参加的,应当说明理由并委托相应的工作人员参加听证。这就要求原则上行政机关的负责人应当参加听证,的确无法参加的,也必须委托相应的工作人员参加听证,被申请人一方是不能缺席听证会的。

第五十二条 【复议委员会】县级以上各级人民政府应当建立相关政府部门、专家、学者等参与的行政复议委员会,为办理行政复议案件提供咨询意见,并就行政复议工作中的重大事项和共性问题研究提出意见。行政复议委员会的组成和开展工作的具体办法,由国务院行政复议机构制定。

审理行政复议案件涉及下列情形之一的,行政复议机构应当提请行政复议委员会提出咨询意见:

(一)案情重大、疑难、复杂;

（二）专业性、技术性较强；
（三）本法第二十四条第二款规定的行政复议案件；
（四）行政复议机构认为有必要。
行政复议机构应当记录行政复议委员会的咨询意见。

2017年行政复议法	2023年行政复议法
	第五十二条　县级以上各级人民政府应当建立相关政府部门、专家、学者等参与的行政复议委员会，为办理行政复议案件提供咨询意见，并就行政复议工作中的重大事项和共性问题研究提出意见。行政复议委员会的组成和开展工作的具体办法，由国务院行政复议机构制定。 　　审理行政复议案件涉及下列情形之一的，行政复议机构应当提请行政复议委员会提出咨询意见： 　　（一）案情重大、疑难、复杂； 　　（二）专业性、技术性较强； 　　（三）本法第二十四条第二款规定的行政复议案件； 　　（四）行政复议机构认为有必要的。 　　行政复议机构应当记录行政复议委员会的咨询意见。

▎应用提示 ●●●●●●

　　本条为新增条款，规定了行政复议委员会的制度设计，具体包括复议委员会的构成、工作内容等。

1. 行政复议委员会的构成。本法使用的是"应当"一次，这意味着县级以上各级人民政府必须建立行政复议委员会，参加人员主要来自三方面：政府工作人员、各领域专家、科研机构的学者。

2. 行政复议委员会的工作内容。一方面是具体案件的分析，为复议机构正在办理的行政复议案件提供咨询意见；另一方面是宏观上的，就行政复议工作中的重大事项和共性问题进行研究，提出意见和建议。

3. 四类必须咨询行政复议委员会的案件。具体包括：(1)案情重大、疑难、复杂；(2)专业性、技术性较强；(3)对下一级人民政府作出的行政行为不服的；(4)行政复议机构认为有必要。前三类其实或是被申请人级别比较高、影响力比较大，或是专业性、技术性强或者重大、疑难、复杂案件，第四类是兜底性规定，征询专家意见从而确保得出正确的复议决定。本条还特别规定了"行政复议机构应当记录行政复议委员会的咨询意见"，这意味着征询行政复议委员会的意见不是走走过场，跟本法第四十六条规定的"听取当事人的意见，并将听取的意见记录在案"一样，都是实打实的硬性规定。

复议委员会的组成人员均为专家，专家在复议程序中提出并回答切中要害的专业问题，进而引导双方当事人更有针对性地陈述申辩，使复议机关对案件的焦点问题把握更加稳妥，对法律关系的理解更为准确，也为提高行政复议案件质量提供了专业保障，让双方当事人感到行政复议不是走过场。

第四节 简 易 程 序

第五十三条 【简易程序】行政复议机关审理下列行政复议案件，认为事实清楚、权利义务关系明确、争议不大的，可以适用简易程序：
(一)被申请行政复议的行政行为是当场作出；
(二)被申请行政复议的行政行为是警告或者通报批评；
(三)案件涉及款额三千元以下；
(四)属于政府信息公开案件。

除前款规定以外的行政复议案件,当事人各方同意适用简易程序的,可以适用简易程序。

2017年行政复议法	2023年行政复议法
	第五十三条　行政复议机关审理下列行政复议案件,认为事实清楚、权利义务关系明确、争议不大的,可以适用简易程序: (一)被申请行政复议的行政行为是依法当场作出; (二)被申请行政复议的行政行为是警告或者通报批评; (三)案件涉及款额三千元以下; (四)属于政府信息公开案件。 除前款规定以外的行政复议案件,当事人各方同意适用简易程序的,可以适用简易程序。

▋ 应用提示 ●●●●●●

行政工作讲究效率,行政复议工作也要讲究效率。本条是关于简易程序的相关规定,原则上"事实清楚、权利义务关系明确、争议不大的,可以适用简易程序",这其中判断以及决定是否使用简易程序的权力属于行政复议机关。

本条具体列举了四类可以适用简易程序的复议案件:(1)被申请行政复议的行政行为是依法当场作出;(2)被申请行政复议的行政行为是警告或者通报批评;(3)案件涉及款额三千元以下;(4)属于政府信息公开案件。其中前三类无论是从行政过程还是从行政决定的结果上看,都是比较轻微,对当事人权益的影响比较小的案件。第四类则完全从案件性质上讲,但凡政府信息公开案件,行政复议机关都可以决定直接适用简易程序。最近十余年,政府信息公开建设的成效卓著,政府信息公开工作也比较规范,行政复议机关要解决的多为是否公开等问题,所以对政府信息公开案件适用简易程序有基础。

　　本条最后一款对简易程序的适用有扩大,"除前款规定以外的行政复议案件,当事人各方同意适用简易程序的,可以适用简易程序",这意味着行政复议中,当事人各方同意适用简易程序的,也可能适用简易程序。申请人一般还会倾向于适用普通程序,毕竟相较于简易程序,普通程序中必须听取申请人的意见,申请人还可以提出听证的要求,可以更大程度上保护自己的合法权益。总体而言,行政复议中,以适用普通程序为原则,适用简易程序为例外。

> 第五十四条 【复议申请书发送和答复的时限】适用简易程序审理的行政复议案件,行政复议机构应当自受理行政复议申请之日起三日内,将行政复议申请书副本或者行政复议申请笔录复印件发送被申请人。被申请人应当自收到申请书副本或者行政复议申请笔录复印件之日起五日内提出书面答复,并提交作出行政行为的证据、依据和其他有关材料。
>
> 适用简易程序审理的行政复议案件,可以书面审理。

2017年行政复议法	2023年行政复议法
	第五十四条　适用简易程序审理的行政复议案件,行政复议机构应当自受理行政复议申请之日起三日内,将行政复议申请书副本或者行政复议申请笔录复印件发送被申请人。被申请人应当自收到行政复议申请书副本或者行政复议申请笔录复印件之日起五日内,提出书面答复,并提交作出行政行为的证据、依据和其他有关材料。 　　适用简易程序审理的行政复议案件,可以书面审理。

> **应用提示** ●●●●●●

本条是对于适用简易程序审理的行政复议案件的具体程序性规定,相较于普通程序中"七日内发送+十日内书面答复"的规定,简易程序只有"三日+五日"的时限,非常短暂,这就要求行政机关在作出相应行政行为的时候,定案证据、执法依据以及其他材料都是齐备的,可以随时提交。

适用简易程序审理的案件,可以书面审理,而不必像普通程序那样听取当事人的意见、组织听证、向复议委员会进行咨询等,以求速办速结。

第五十五条 【向普通程序的转化】适用简易程序审理的行政复议案件,行政复议机构认为不宜适用简易程序的,经行政复议机构的负责人批准,可以转为普通程序审理。

2017年行政复议法	2023年行政复议法
	第五十五条 适用简易程序审理的行政复议案件,行政复议机构认为不宜适用简易程序的,经行政复议机构的负责人批准,可以转为普通程序审理。

> **应用提示** ●●●●●●

本条规定了简易程序向普通程序的转化。有的行政复议案件,乍一看非常简单,但是随着当事人材料的提交以及调查的深入,发现并非表面所见,这时就有必要转化为普通程序。其中要注意两点:(1)程序转化的,必须经行政复议机构的负责人批准,不能由具体办案人员直接转化;(2)只能是"简易程序向普通程序"的正向转化,已经适用普通程序的,不能再向简易程序的逆向转化。

第五节　行政复议附带审查

> 第五十六条　【复议机关对规范性文件的处理】申请人依照本法第十三条的规定提出对有关规范性文件的附带审查申请，行政复议机关有权处理的，应当在三十日内依法处理；无权处理的，应当在七日内转送有权处理的行政机关依法处理。

2017年行政复议法	2023年行政复议法
第二十六条　申请人在申请行政复议时，一并提出对本法第七条所列有关规定的审查申请的，行政复议机关对该规定有权处理的，应当在三十日内依法处理；无权处理的，应当在七日内按照法定程序转送有权处理的行政机关依法处理。有权处理的行政机关应当在六十日内依法处理。处理期间，中止对具体行政行为的审查。	第五十六条　申请人依照本法第十三条的规定提出对有关规范性文件的附带审查申请，行政复议机关有权处理的，应当在三十日内依法处理；无权处理的，应当在七日内转送有权处理的行政机关依法处理。

▎**应用提示** ●●●●●●

本条在原条款基础上进行了修改，规定了行政复议附带审查制度，非常重要。

规范性文件俗称"红头文件"，在行政中几乎无处不在。对行政行为合法性与合理性的审查，不可避免地要对其所依据的规范性文件有所判断。

本法第十三条明确规定了，公民、法人或者其他组织认为行政机关的行政行为所依据的下列规范性文件不合法，在对行政行为申请行政复议时，可以一并向行政复议机关提出对该规范性文件的审查申请：(1)国务院部门的规范性文件；(2)县级以上地方各级人民政府及其工作部门的规范性文件;(3)乡、镇人民政府的规范性文件;(4)法律、法规、规章授权的组织的规范性文件。

申请人提出对有关规范性文件的审查申请的,行政复议机关就要对此有所处理,这时就要区分"有权处理"和"无权处理"两种情况,比如县政府作为复议机关的,其对于其政府部门的规范性文件、乡镇政府的规范性文件,就可以直接审查,其对于国务院部门的规范性文件,就无权处理,这个时候需要转送有权处理的行政机关依法处理。

在处理时限的规定上,本条只规定了"有权处理"的情况下,要三十日内拿出处理意见,对于"无权处理"的,规定了应在七日内转送。第五十八条、第五十九条相应规定了十日,以及六十日的处理与反馈时间。

> 第五十七条 【对行政行为依据的主动审查】行政复议机关在对被申请人作出的行政行为进行审查时,认为其依据不合法,本机关有权处理的,应当在三十日内依法处理;无权处理的,应当在七日内转送有权处理的国家机关依法处理。

2017 年行政复议法	2023 年行政复议法
第二十七条 行政复议机关在对被申请人作出的<u>具体</u>行政行为进行审查时,认为其依据不合法,本机关有权处理的,应当在三十日内依法处理;无权处理的,应当在七日内<u>按照法定程序</u>转送有权处理的国家机关依法处理。<u>处理期间,中止对具体行政行为的审查。</u>	第五十七条 行政复议机关在对被申请人作出的行政行为进行审查时,认为其依据不合法,本机关有权处理的,应当在三十日内依法处理;无权处理的,应当在七日内转送有权处理的国家机关依法处理。

应用提示

本条相较于原条文作了微调,是行政复议机关对于被申请行政行为依据的主动审查,而且"依据"一词的范围也非常广泛,既可能包括法规、规章这样的高位阶立法,也包括规范性文件这类普遍、大量的低位阶法律依据。

　　主动审查的背后,也体现了行政复议与行政诉讼的本质区别。在行政诉讼中,遵循不告不理原则,如果原告不在诉求中一并要求对被诉行为所依据的规范性文件进行一并审查的,人民法院并不处理。而行政复议作为行政机关的内部纠错制度,行政复议机关在复议过程中,如果认为行政机关作出的行政行为的依据不合法的(尤其是规范性文件不合法的),可以主动进行处理。具体也分为"有权处理"和"无权处理"两种,复议机关有权处理的,则直接依法处理,时限为三十日内作出决定;无权处理的,则依法转送有权处理的国家机关处理,时限为七日内转送。

　　本条规定体现了行政系统的整体运作和行政复议的内部监督功能。

> 　　**第五十八条　【对规范性文件或者依据的合法性审查方式】**行政复议机关依照本法第五十六条、第五十七条的规定有权处理有关规范性文件或者依据的,行政复议机构应当自行政复议中止之日起三日内,书面通知规范性文件或者依据的制定机关就相关条款的合法性提出书面答复。制定机关应当自收到书面通知之日起十日内提交书面答复及相关材料。
>
> 　　行政复议机构认为必要时,可以要求规范性文件或者依据的制定机关当面说明理由,制定机关应当配合。

2017年行政复议法	2023年行政复议法
	第五十八条　行政复议机关依照本法第五十六条、第五十七条的规定有权处理有关规范性文件或者依据的,行政复议机构应当自行政复议中止之日起三日内,书面通知规范性文件或者依据的制定机关就相关条款的合法性提出书面答复。制定机关应当自收到书面通知之日起十日内提交书面答

	复及相关材料。 行政复议机构认为必要时,可以要求规范性文件或者依据的制定机关当面说明理由,制定机关应当配合。

应用提示 ●●●●●●●

本条规定了行政复议机关在有权处理的情况下,应如何处理有关规范性文件或者依据的合法性问题。

1. 本条规定"行政复议机构应当自行政复议中止之日起三日内"启动相关工作,这意味着处理期间中止对行政行为的审查,先处理行政行为法律依据这个根本问题。

2. 通常情况下可以书面审查。由行政复议机关书面通知规范性文件或者依据的制定机关,就相关条款的合法性作出书面答复,制定机关应当自收到书面通知之日起十日内,提交书面答复及相关材料。行政复议机关可以通过书面审查这些材料,判断规范性文件或者依据是否合法。

3. 必要情况下可以要求当面说明理由。行政复议机构认为必要时,可以要求规范性文件或者依据的制定机关当面说明理由,制定机关应当配合。这里具体出面的是行政复议机构的工作人员,规范性文件或者依据制定机关的工作人员。"应当配合"是行政系统上下级关系所决定的。

第五十九条 【对规范性文件或者依据的合法性审查之处理结果】行政复议机关依照本法第五十六条、第五十七条的规定有权处理有关规范性文件或者依据,认为相关条款合法的,在行政复议决定书中一并告知;认为相关条款超越权限或者违反上位法的,决定停止该条款的执行,并责令制定机关予以纠正。

2017 年行政复议法	2023 年行政复议法
	第五十九条　行政复议机关依照本法第五十六条、第五十七条的规定有权处理有关规范性文件或者依据，认为相关条款合法的，在行政复议决定书中一并告知；认为相关条款超越权限或者违反上位法的，决定停止该条款的执行，并责令制定机关予以纠正。

应用提示 ●●●●●●

本条为新增条款，是非常重要的一个条款，区分了有关规范性文件或者依据合法和不合法两种情况。

第一种，有关规范性文件或者依据的相关条款合法的，行政复议机关在行政复议决定书中一并告知，相当于行政复议机关（多是上级行政机关）对行政行为的法律依据合法性有了明确认定。

第二种，相关条款超越权限或者违反上位法的，行政复议机关决定停止该条款的执行，并责令制定机关予以纠正。本条的立法技术比较高，明确了两种违法情况，一是超越权限，二是违反上位法，从而导致依据不合法，相应的法律效果是"停止该条款的执行，并责令制定机关予以纠正"。拿到这样的行政复议决定，规范性文件或者依据的制定机关应启动修法程序，对相应的条款予以修改。

第六十条　【受转送机关对规范性文件或者依据的处理】依照本法第五十六条、第五十七条的规定接受转送的行政机关、国家机关应当自收到转送之日起六十日内，将处理意见回复转送的行政复议机关。

2017年行政复议法	2023年行政复议法
	第六十条　依照本法第五十六条、第五十七条的规定接受转送的行政机关、国家机关应当自收到转送之日起六十日内,将处理意见回复转送的行政复议机关。

应用提示

本条为新增条款,明确规定了接受转送的行政机关、国家机关收到行政复议机关请求其依法审查某行政行为所依据的规范性文件或者依据的,应当自收到转送之日起六十日内进行审查,并将处理意见回复转送的行政复议机关。我们要注意三点:(1)有权审查的机关可能是行政机关,也可能是国家机关,这意味着可能出现对法规的审查;(2)时限为收到转达之日起六十日内;(3)处理意见需要回复转送行政复议机关。

第五章　行政复议决定

第六十一条　【复议审查及复议决定的作出】行政复议机关依照本法审理行政复议案件，由行政复议机构对行政行为进行审查，提出意见，经行政复议机关的负责人同意或者集体讨论通过后，以行政复议机关的名义作出行政复议决定。

经过听证的行政复议案件，行政复议机关应当根据听证笔录、审查认定的事实和证据，依照本法作出行政复议决定。

提请行政复议委员会提出咨询意见的行政复议案件，行政复议机关应当将咨询意见作为作出行政复议决定的重要参考依据。

2017年行政复议法	2023年行政复议法
第二十八条第一款　行政复议机关负责法制工作的机构应当对被申请人作出的具体行政行为进行审查，提出意见，经行政复议机关的负责人同意或者集体讨论通过后，按照下列规定作出行政复议决定： （一）具体行政行为认定事实清楚，证据确凿，适用依据正确，程序合法，内容适当的，决定维持； （二）被申请人不履行法定职责的，决定其在一定期限内履行；	第六十一条　行政复议机关依照本法审理行政复议案件，由行政复议机构对行政行为进行审查，提出意见，经行政复议机关的负责人同意或者集体讨论通过后，以行政复议机关的名义作出行政复议决定。 经过听证的行政复议案件，行政复议机关应当根据听证笔录、审查认定的事实和证据，依照本法作出行政复议决定。 提请行政复议委员会提出咨

(三)具体行政行为有下列情形之一的,决定撤销、变更或者确认该具体行政行为违法;决定撤销或者确认该具体行政行为违法的,可以责令被申请人在一定期限内重新作出具体行政行为:

　　1.主要事实不清、证据不足的;

　　2.适用依据错误的;

　　3.违反法定程序的;

　　4.超越或者滥用职权的;

　　5.具体行政行为明显不当的。

　　(四)被申请人不按照本法第二十三条的规定提出书面答复、提交当初作出具体行政行为的证据、依据和其他有关材料的,视为该具体行政行为没有证据、依据,决定撤销该具体行政行为。

询意见的行政复议案件,行政复议机关应当将咨询意见作为作出行政复议决定的重要参考依据。

应用提示

　　本条进行了重大修改,具体规定了行政复议的工作机制、如何处理经过听证的行政复议案件及提请行政复议委员会咨询的行政复议案件。

　　具体而言,第一款规定了由行政复议机构具体审理行政复议案件,提出处理意见,但处理意见必须经行政复议机关的负责人同意或者集体讨论通过后,最终以行政复议机关的名义作出,才能称为行政复议决定。结合本法其他条文,行政复议机构通过听取申请人意见和查阅双方提交的书面材料进行审查,行政复议机构认为必要时,可以实地调查核实证据;对重大、复杂的案件,申请人提出要求或者行政复议机构认为必要时,可以采取听证的方式审理。

　　第二款规定了经过听证的行政复议案件,行政复议机关应当根据听证笔录、审查认定的事实和证据,依照本法作出行政复议决定。结合本法第五十条、第五十一条规定,进一步强调了听证不能走过场,听证笔录是非常重要的,会影响到行政复议决定的作出。

本条第三款规定了提请行政复议委员会提出咨询意见的行政复议案件,行政复议机关应当将咨询意见作为作出行政复议决定的重要参考依据。结合本法第五十二条规定,进一步强调了行政复议委员会的重要性,其咨询意见是行政复议决定的重要参考依据。

> **第六十二条 【复议审理期限】** 适用普通程序审理的行政复议案件,行政复议机关应当自受理申请之日起六十日内作出行政复议决定;但是法律规定的行政复议期限少于六十日的除外。情况复杂,不能在规定期限内作出行政复议决定的,经行政复议机构的负责人批准,可以适当延长,并书面告知当事人;但是延长期限最多不得超过三十日。
>
> 适用简易程序审理的行政复议案件,行政复议机关应当自受理申请之日起三十日内作出行政复议决定。

2017年行政复议法	2023年行政复议法
第三十一条第一款 行政复议机关应当自受理申请之日起六十日内作出行政复议决定;但是法律规定的行政复议期限少于六十日的除外。情况复杂,不能在规定期限内作出行政复议决定的,经行政复议机<u>关</u>的负责人批准,可以适当延长,并告知<u>申请人和被申请人</u>;但是延长期限最多不超过三十日。	第六十二条 **适用普通程序审理的行政复议案件**,行政复议机关应当自受理申请之日起六十日内作出行政复议决定;但是法律规定的行政复议期限少于六十日的除外。情况复杂,不能在规定期限内作出行政复议决定的,经行政复议机**构**的负责人批准,可以适当延长,并**书面**告知**当事人**;但是延长期限最多不得超过三十日。 适用简易程序审理的行政复议案件,行政复议机关应当自受理申请之日起三十日内作出行政复议决定。

应用提示

新《行政复议法》将行政复议程序区分为普通程序和简易程序,通过繁简分流的制度设计,优化行政复议资源配置,提高解决行政争议的效率。

适用普通程序的行政复议案件审理期限一般不超过六十日,情况复杂经行政复议机构的负责人批准,可以适当延长,但批准后期限最多也不能超过九十日。

适用简易程序审理的行政复议案件,行政复议机关应当自受理申请之日起三十日内作出行政复议决定。需要注意的是,简易程序并无延长审理期限的规定,除非根据第五十五条转为普通程序审理。

其他法律法规中规定了审理期限的,以其他法律法规为主,例如:当事人对交通事故责任认定不服的,可以在接到交通事故责任认定书后十五日内,向上一级公安机关申请重新认定;上一级公安机关在接到重新认定申请书后三十日内,应当作出维持、变更或者撤销的决定。

六十日或者九十日的审理期限的起算点是自受理申请之日,结合本法第四十八条普通程序中"七日+十日"的规定,第五十一条简易程序中"三日+五日"的规定以及普通程序中必须听取当事人的意见等制度性规定,留给行政复议机构审理的时间是非常紧张的,这在某种程度上也体现了行政复议对于效率价值的追求。

第六十三条 【变更行政行为】行政行为有下列情形之一的,行政复议机关决定变更该行政行为:

(一)事实清楚,证据确凿,适用依据正确,程序合法,但是内容不适当;

(二)事实清楚,证据确凿,程序合法,但是未正确适用依据;

(三)事实不清、证据不足,经行政复议机关查清事实和证据。

行政复议机关不得作出对申请人更为不利的变更决定,但是第三人提出相反请求的除外。

2017年行政复议法	2023年行政复议法
第二十八条第一款第三项 行政复议机关负责法制工作的机构应当对被申请人作出的具体行政行为进行审查，提出意见，经行政复议机关的负责人同意或者集体讨论通过后，按照下列规定作出行政复议决定： …… （三）具体行政行为有下列情形之一的，决定撤销、变更或者确认该具体行政行为违法；决定撤销或者确认该具体行政行为违法的，可以责令被申请人在一定期限内重新作出具体行政行为： 1. 主要事实不清、证据不足的； 2. 适用依据错误的； 3. 违反法定程序的； 4. 超越或者滥用职权的； 5. 具体行政行为明显不当的。	第六十三条　行政行为有下列情形之一的，行政复议机关决定变更该行政行为： （一）事实清楚，证据确凿，适用依据正确，程序合法，但是内容不适当； （二）事实清楚，证据确凿，程序合法，但是未正确适用依据； （三）事实不清、证据不足，经行政复议机关查清事实和证据。 行政复议机关不得作出对申请人更为不利的变更决定，但是第三人提出相反请求的除外。

▌ **应用提示** ●●●●●●●

　　本条明确规定了变更行政行为复议决定的几种适用情形，简要地说，复议审查出这些行政行为的确存在错误，但是错误的性质跟表现形式各不一样。

　　复议机关审查被申请行政行为主要通过事实、证据、依据、程序、内容五个方面。与行政诉讼不同，行政复议中复议机关既审查被申请行政行为的合法性，也审查被申请行政行为的合理性，复议机关认为被申请行政行为的内容不适当的，可以决定变更该行政行为。具体而言：

　　1. 事实清楚，证据确凿，适用依据正确，程序合法，但是内容不适当。这就好像答题的所有过程都是正确的，但是最后得出了一个错误的结论，这时行政复议机关必须作出变更决定,予以纠正。

2. 事实清楚,证据确凿,程序合法,但是未正确适用依据。这种情况就好比,应当依据 A 条文作出行政决定,但是行政机关依据了 B 条文作出,属于马虎、不严谨的做法。

3. 事实不清、证据不足,经行政复议机关调查取证后才查清事实和证据的。这种情形简单地讲就是"行政机关事先不做功课,全靠行政复议机关事后查证"。二次审议稿原本使用的是"经行政复议机关调查取证后查清事实和证据",最终审议通过时修改为"经行政复议机关查清事实和证据",也是对被申请人举证责任的强化。对此,行政复议机关应当作出变更该行政行为的决定,不支持、不鼓励这种懒政行为。

本条最后一款还强调,行政复议机关不得作出对申请人更为不利的变更决定,这种原则性规定类似于"上诉不加刑"的理念,申请人不因为提出复议申请要求维权的行为而致使自己受到更重、更为不利的行政决定。但是有一个例外,就是第三人提出相反请求的除外,所谓第三人,根据本法第十六条的规定,是指申请人以外的与被申请行政复议的行政行为或者案件处理结果有利害关系的公民、法人或者其他组织。所以第三人提出相反请求的,有可能让行政复议机关作出对申请人更为不利的变更决定。

▌典型案例

黄某某等人不服某垦区公安局行政处罚决定行政复议案(新疆生产建设兵团司法局公布)

【决定摘要】

行政复议机关不仅要审查被申请人作出的具体行政行为的合法性,同时还要审查其适当性,即合理性。具体到行政处罚的作出,不仅要求有明确的法律法规依据,更要求正确适用法律法规,在作出行政处罚时,要全面考量申请人违法行为的性质、情节、社会危害程度与处罚幅度的比例,不宜过轻或者过重,应处罚适当。

【争议焦点】

(1)行政拘留四日的行政处罚决定是否适当;(2)89号处罚决定适用法律是否正确;(3)复议决定应当决定撤销、变更还是确认原行政决定违法。

【基本案情】

申请人:黄某某、王某某

被申请人:某垦区公安局

2018年12月15日13时左右,王某某在某师某团一理发店内与黄某某发生口角,随后黄某某抓住王某某头发将其拽倒,二人扭打在一起,王某某打到黄某某鼻部及肩膀部位,造成黄某某上衣被撕破、鼻部出血。

本案经某垦区公安局某边防派出所民警调查认定:黄某某、王某某上述行为违反了《治安管理处罚法》第四十三条第一款之规定,其行为已构成殴打他人。因案件事实清楚,证据确凿,某垦区公安局于2018年12月20日作出了×××(治)行罚决字(2018)第89号处罚决定(以下简称89号处罚决定),根据《治安管理处罚法》第四十三条第一款"殴打他人的,或者故意伤害他人身体的,处五日以上十日以下拘留,并处二百元以上五百元以下罚款;情节较轻的,处五日以下拘留或者五百元以下罚款"之规定,认为黄某某、王某某违法情节较轻,给予黄某某、王某某行政拘留各四日的处罚。

申请人黄某某、王某某均不服,认为处罚过重,向某市公安局申请行政复议。

复议机关认为:原处罚机关认定的主要事实清楚,证据确凿,程序合法,裁量不当。根据《行政复议法实施条例》第四十七条第一款第(一)项的规定,本机关决定如下:变更89号处罚决定,由对黄某某、王某某行政拘留各四日的处罚,变更为对黄某某、王某某各罚款三百元。

根据《某垦区公安局行政复议答复书》《黄某某行政复议申请书》《王某某行政复议申请书》可以得知:黄某某、王某某以前系夫妻,离婚后多次打闹并报警,当警察需要调查时,双方当事人又称已经协调好不需要警察处理了,某垦区公安局认为如这次不进行处罚,不足以起到教育警示作用,因此作出了89号处罚决定。根据《治安管理处罚法》第五条第三款规定:"办理治安案件应当坚持教育与处罚相结合的原则",第九条规定:"对于因民间纠纷引起的打架斗殴或者毁损他人财物等违反治安管理行为,情节较轻的,公安机关可以调解处理。经公安机关调解、当事人达成协议的,不予处罚……"本案公安机关本可以调解处理,不予处罚,但某垦区公安局认为如这次不进行处罚,不足以起到教育警示作用,故作出了本案89号处罚决定。结合本案事实,综合考量申请人的违法性质、情节及社会危害程度,显然处罚过重,明显不适当。

第六十四条 【撤销行政行为】行政行为有下列情形之一的,行政复议机关决定撤销或者部分撤销该行政行为,并可以责令被申请人在一定期限内重新作出行政行为:

(一)主要事实不清、证据不足;

(二)违反法定程序;

(三)适用的依据不合法;

(四)超越或者滥用职权。

行政复议机关责令被申请人重新作出行政行为的,被申请人不得以同一事实和理由作出与被申请行政复议的行政行为相同或者基本相同的行政行为,但是行政复议机关以违反法定程序为由决定撤销或者部分撤销的除外。

2017 年行政复议法	**2023 年行政复议法**
第二十八条第一款第三项 行政复议机关负责法制工作的机构应当对被申请人作出的具体行政行为进行审查,提出意见,经行政复议机关的负责人同意或者集体讨论通过后,按照下列规定作出行政复议决定: (三)具体行政行为有下列情形之一的,决定撤销、变更或者确认该具体行政行为违法;决定撤销或者确认该具体行政行为违法的,可以责令被申请人在一定期限内重新作出具体行政行为: 1.主要事实不清、证据不足的; 2.适用依据错误的; 3.违反法定程序的; 4.超越或者滥用职权的;	第六十四条 行政行为有下列情形之一的,行政复议机关决定撤销或者部分撤销该行政行为,并可以责令被申请人在一定期限内重新作出行政行为: (一)主要事实不清、证据不足; (二)违反法定程序; (三)适用的依据不合法; (四)超越或者滥用职权。 行政复议机关责令被申请人重新作出行政行为的,被申请人不得以同一事实和理由作出与被申请行政复议的行政行为相同或者基本相同的行政行为,但是行政复议机关以违反法定程序为由决定撤销或者部分撤销的除外。

5. 具体行政行为明显不当的。

第二十八条第二款　行政复议机关责令被申请人重新作出具体行政行为的,被申请人不得以同一的事实和理由作出与原具体行政行为相同或者基本相同的具体行政行为。

应用提示

行政行为一旦作出,即具有确定力及执行力,但是对于违法的行政行为,复议机关可以撤销或者部分撤销该行政行为,并责令原行政机关重做。通常情况下,被申请人不得再作出与被申请行政复议的行政行为相同或者基本相同的行政行为——除非是因为程序违法被撤销或者部分撤销的情况。

本条明确罗列了复议机关可以撤销被申请行政行为的情形:

1. 主要事实不清、证据不足。这种是一种非常严重的错误,意味着被复议审查的行政决定完全缺乏事实依据。

2. 违反法定程序。这种情况属于程序违法,我们经常说实体公正和程序公正是法律公正不可偏废的两个方向,追求实体公正,不能以违背或破坏程序为代价,防止只求结果,不要过程,省略程序、违反程序都是要不得的。典型的如不送达、不通知、不征求意见等现象。

3. 适用的依据不合法。这种情形就是法律适用发生了错误,结合本法第四章第五节行政复议附带审查的规定,行政机关作出行政行为的依据规范性文件有问题的,行政行为也会存在问题。这种情形下行政复议机关可以应申请人的要求或者依职权主动对有关规范性文件或者依据进行审查,如果行政复议机关有权处理的,就主动处理,无权处理的,则应及时转交有权处理的行政机关、国家机关予以处理。根据处理结果,相应作出复议决定,结合本法第五十九条的规定,认为相关条款合法的,在行政复议决定书中一并告知;认为相关条款超越权限或者违反上位法的,决定停止该条款的执行,并责令制定机关予以纠正。

4. 超越或者滥用职权。行政系统之所以高效,就是因为其有严格的条块划分,各司其职,在职权范围之内严格执法。如果税务机关去查假冒伪劣商品,工商部门去催缴税款,则属于典型的超越职权。如果法律只给了某行政机关罚款的权力,但是它却作出吊销证照的行政处罚,则属于典型的滥用职权。超越职权或者滥用职权作出的行政决定,应该被行政复议机关撤销,并可以责令被申请人在一定期限内重新作出行政行为。

由此可知,撤销决定主要适用于被申请行政行为严重违法的情形。

本条最后一款,专门强调了行政复议机关责令被申请人重新作出行政行为的,被申请人不得以同一事实和理由作出与被申请行政复议的行政行为相同或者基本相同的行政行为。只有一种例外情形,就是行政复议机关以违反法定程序为由决定撤销或者部分撤销的除外,相当于目的地是一样的,但是必须严格按照规划的路线走过来才是对程序正义的尊重,这种撤销后责令重做,也是警示行政机关应尊重法定程序。

典型案例

张某诉徐州市人民政府房屋登记行政复议决定案(最高人民法院公报案例)

【裁判摘要】

行政机关在行政复议中可能作出不利于他人的决定时,如没有采取适当的方式通知其本人参加行政复议即作出复议决定的,构成严重违反法定程序,应予撤销。

【争议焦点】

行政机关在依照《行政复议法》复议行政决定时,如果可能直接影响到他人的利益,是否必须以适当的方式通知其参加复议并听取意见?

【基本案情】

原告:张某

被告:江苏省徐州市人民政府

第三人:曹某芳,系原告丈夫之妹

第三人:曹某义,系原告丈夫

被告江苏省徐州市人民政府 2003 年 10 月 28 日受理了第三人曹某芳的行政复议申请,于 2004 年 4 月 29 日作出徐政行决〔2004〕24 号行政复议决定,以徐州市民安巷 31 号房屋使用者曹陈氏 1986 年死亡时,张某不是该房产的合法继承人,原徐州市房地产管理局认定张某对民安巷 31 号房屋产权属原始取得与事实不符,为张某颁发鼓房字第 1741 号房屋所有权证违反了《城镇房屋所有权登记暂行办法》第八条的规定,将民安巷 31 号房屋产权和国有土地使用权确权给张某不当等为由,依据《行政复议法》第二十八条第一款第(三)项第 1 目、第 5 目之规定,确认原徐州市房地产管理局将民安巷 31 号房屋产权及国有土地使用权确权给张某的具体行政行为违法。张某不服该复议决定,向江苏省徐州市中级人民法院提起行政诉讼。

原告诉称:原徐州市房地产管理局向其颁发房屋所有权证是 1988 年,曹某芳申请行政复议的时间是 2004 年,已超过法定的申请行政复议的期限,复议机关受理无据;徐州市人民政府作为行政复议机关,认定曹陈氏死亡时,曹某芳和曹某义依法有权继承诉争房产,其本人不是该房屋的合法继承人,超出了职权范围;复议决定对于曹陈氏死亡时遗留多少房产未有认定,事实不清。请求撤销徐州市人民政府作出的徐政行决[2004]24 号行政复议决定。

被告辩称:市政府曾多次电话通知张某参加复议,但均遭拒绝,故应认定其放弃权利;曹某芳过去一直不知道张某在 1988 年办理了民安巷 31 号房屋的房屋所有权证,故未超过申请复议期限;徐州市民安巷 31 号房屋使用者曹陈氏 1986 年死亡时,曹某芳、曹某义依法有权继承该处房产,张某不是该房产的合法继承人,不应成为该房产的所有权人,原徐州市房地产管理局却认定张某对民安巷 31 号房屋产权属原始取得,错误地将上述房产登记到张某名下,违反了《城镇房屋所有权登记暂行办法》第八条规定,属确权不当;徐政行决[2004]24 号行政复议决定认定事实清楚,适用依据正确。

徐州市中级人民法院经审理查明:

曹某义、曹某芳系兄妹关系。二人之父早逝,一直随其母曹陈氏居住在徐州市民安巷 31 号,该住处原为 3 间东草房和 1 间南草房。1954 年,张某与曹某义结婚后迁入民安巷 31 号居住。1961 年前后,曹某芳出嫁,搬出民安巷 31 号。1986 年 1 月 30 日,曹陈氏去世。在曹陈氏与儿媳张某及其家庭成员共同居住生活期间,民安巷 31 号的原住处经翻建和新建,先后形成了砖木结构、砖混结构的房屋计 7 间。其中砖混结构的 3 间东屋,是 1981 年 12 月以张某的名义办理了第 2268 号建筑工程施工执照,在原 3 间东草房的基础上翻建而成。1988 年 5 月 31 日,张某向徐州市房产管理机关提出为其办理民安巷 31 号的上述 7 间房屋产权和土地使用权登记的书面申请。徐州市鼓楼区房地产登记发证办公室根据张某提交的申请材料,经调查后于 1988 年 9 月 28 日为张某填发了鼓房字第 1741 号房屋所有权证,并加盖徐州市人民政府的印章,将 199.78 平方米的国有土地使用权登记为张某使用。

此后,民安巷 31 号的房屋又历经 1991 年的新建、1994 年的扩建、1997 年的赠与和 1998 年的新建,徐州市房产管理机关经公告征询无产权异议后,相应为张某办理了产权登记,颁发了房屋所有权证。徐州市土地管理局亦于 1996 年 12 月 3 日向张某颁发了国有土地使用证。2002 年,张某位于民安巷 31 号的房屋被依法拆迁。2003 年 10 月 28 日,曹某芳向徐州市人民政府申请行政复议,请求撤销 1988 年将民安巷 31 号房屋产权和土地使用权确权登记给张某的具体行政行为。徐州市人民政府于 2004 年 4 月 29 日作出了徐政行决〔2004〕24 号行政复议决定:确认原徐州市房地产管理局(被申请人徐州市房产管理局前身)将民安巷 31 号房屋产权及国有土地使用权确权给张某的具体行政行为违法。

江苏省徐州市中级人民法院认为,1988 年 9 月,徐州市人民政府根据原城乡建设环境保护部 1987 年 4 月 21 日颁布的《城镇房屋所有权登记暂行办法》,向原告张某颁发了鼓房字第 1741 号房屋所有权证,而根据此后的行政规章和法律规定,徐州市颁发房屋所有权证的职权由现徐州市房产管理局行使,徐州市人民政府颁发给张某的鼓房字第 1741 号房屋所有权证的行政法律后果,应由现徐州市房产管理局承担责任,故徐州市人民政府对曹某芳的复议申请,有复议管辖权。

本案中,曹某芳之母曹陈氏于 1986 年 1 月 30 日去世后,徐州市民安巷 31 号的房产一直由张某及家人居住使用;张某及家人于 20 世纪 90 年代在此处又新建了房屋,并对原有房屋进行扩建,原徐州市房地产管理局于 1994 年为张某颁发该处房屋所有权证前也进行公告,征询有关当事人有无产权异议,曹某芳应当知道徐州市房地产管理机关已将民安巷 31 号的房地产确权登记给张某。故徐州市人民政府受理曹某芳 2003 年 10 月 28 日提出的复议申请并作出复议决定超过了法定期限;曹某芳述称其于 2003 年 10 月才得知徐州市房地产管理机关将民安巷 31 号房地产登记确权归张某的主张,依法不予以支持。行政机关在进行行政复议时虽可以采取书面审查的办法,但张某作为徐州市房地产管理机关 1988 年颁发的鼓房字第 1741 号房屋所有权证的持证人,与徐州市人民政府对该证的复议审查结果有着直接的利害关系,徐州市人民政府应当通知张某参加行政复议,由于徐州市人民政府无法证明已采取适当的方式通知张某参加行政复议,应属严重违反行政程序,且作出的徐政行决

〔2004〕24号行政复议决定的结论中也有复议审查对象不具体的瑕疵。

综上，徐州市人民政府受理曹某芳的复议申请而作出的徐政行决〔2004〕24号行政复议决定，严重违反法定程序，依法应予撤销。依据《行政复议法》第九条第一款、第十条第三款及《行政诉讼法》第五十四条第（二）项第3目的规定，徐州市人民法院于2004年9月30日判决：

撤销徐州市人民政府于2004年4月29日作出的徐政行决〔2004〕24号行政复议决定。

宣判后，曹某芳不服，向江苏省高级人民法院提起上诉。

曹某芳的主要上诉理由是：一审法院认定其在1994年就应当知道民安巷31号房屋已确权给张某与事实不符，认定其于2003年10月28日申请行政复议超过法定期限有误。一审法院认定徐州市人民政府复议违反法定程序错误。徐州市人民政府复议期间多次通知张某参加，但遭其拒绝，故徐州市人民政府在张某故意不参加复议的情形下作出的复议决定不属于违反法定程序。请求撤销一审判决，维持徐州市人民政府的复议决定。

张某辩称：曹某芳早在1994年就已知道民安巷31号房屋登记在张某名下，一审法院认定其申请行政复议超过法定期限是正确的。徐州市人民政府没有通过法定的方式通知其参加复议违反法定程序。徐州市民安巷31号现在的房屋均为其自己所盖，与上诉人曹某芳无关。请求驳回上诉，维持原判。

曹某义没有提交书面答辩意见，庭审中表示同意张某的答辩意见。

徐州市人民政府陈述称：《行政复议法》关于第三人的规定，属于弹性条款，第三人是否参加行政复议由复议机关视情况决定，本案张某没有参加复议，不能以此认定复议机关违反法定程序，徐州市人民政府作出的徐政行决〔2004〕24号行政复议决定不违反《行政复议法》规定的程序。本案所涉及的行政复议受理没有超出法定的期限。请求撤销一审判决，维持徐州市人民政府作出的徐政行决〔2004〕24号行政复议决定。

江苏省高级人民法院经审理查明：

原审法院根据征询产权异议的公告存根，即认定徐州市房产管理局为张某颁发房屋所有权证前进行过产权公告，并以此推定上诉人曹某芳1994年应当知道徐州市房产管理机关已将民安巷31号房屋确权给张某的事实。该认定理由不充分，故不予确认。对其他各方当事人无异议的事实，依法予以确认。

本案的主要争议焦点为：行政机关在依照《行政复议法》复议行政决定

时,如果可能直接影响到他人的利益,是否必须以适当的方式通知其参加复议并听取意见?

江苏省高级人民法院认为:

1. 本案所涉及的鼓房字第1741号房屋所有权证虽然是徐州市人民政府1988年9月颁发的,但依据此后相关法律和规章的规定,徐州市人民政府不再具有颁发房屋所有权证的职权。曹某芳申请复议时,徐州市颁发房屋所有权证的职权已由徐州市房产管理局行使,故徐州市人民政府以前颁发房屋权证行为的法律后果应由现在的颁证机关徐州市房产管理局承担。曹某芳不服颁发鼓房字第1741号房屋所有权证行为,提出的申请复议,徐州市房产管理局应作为被申请人,一审判决认定徐州市人民政府对曹某芳的复议申请有复议管辖权是正确的。

2. 《行政复议法》虽然没有明确规定行政复议机关必须通知第三人参加复议,但根据正当程序的要求,行政机关在可能作出对他人不利的行政决定时,应当专门听取利害关系人的意见。本案中,复议机关审查的对象是颁发鼓房字第1741号房屋所有权证行为,复议的决定结果与现持证人张某有着直接的利害关系,故复议机关在行政复议时应正式通知张某参加复议。本案中,徐州市人民政府虽声明曾采取了电话的方式口头通知张某参加行政复议,但却无法予以证明,而利害关系人持有异议的,应认定其没有采取适当的方式正式通知当事人参加行政复议,故徐州市人民政府认定张某自动放弃参加行政复议的理由欠妥。在此情形下,徐州市人民政府未听取利害关系人的意见即作出对其不利的行政复议决定,构成严重违反法定程序。

3. 根据《行政复议法》和《民事诉讼法》的有关规定,复议机关在行使行政复议职权时,应针对申请行政复议的具体行政行为的合法性与适当性进行审查,有关民事权益的纠纷应通过民事诉讼程序解决。本案中,徐州市人民政府所作的复议决定中,直接对有关当事人争议的民事权利予以确认的行为,超越了复议机关的职权范围,缺乏法律依据,应予以撤销。

综上,原审判决撤销徐州市人民政府徐政行决〔2004〕24号行政复议决定正确,应予维持,上诉人曹某芳的上诉理由不能成立。

江苏省高级人民法院依照《行政诉讼法》第六十一条第(一)项之规定,于2004年12月10日判决:驳回上诉,维持原判。

第六十五条 【确认行政行为违法】行政行为有下列情形之一的，行政复议机关不撤销该行政行为，但是确认该行政行为违法：

(一)依法应予撤销，但是撤销会给国家利益、社会公共利益造成重大损害；

(二)程序轻微违法，但是对申请人权利不产生实际影响。

行政行为有下列情形之一，不需要撤销或者责令履行的，行政复议机关确认该行政行为违法：

(一)行政行为违法，但是不具有可撤销内容；

(二)被申请人改变原违法行政行为，申请人仍要求撤销或者确认该行政行为违法；

(三)被申请人不履行或者拖延履行法定职责，责令履行没有意义。

2017年行政复议法	2023年行政复议法
第二十八条第一款第三项 行政复议机关负责法制工作的机构应当对被申请人作出的具体行政行为进行审查，提出意见，经行政复议机关的负责人同意或者集体讨论通过后，按照下列规定作出行政复议决定： …… (三)具体行政行为有下列情形之一的，决定撤销、变更或者确认该具体行政行为违法；决定撤销或者确认该具体行政行为违法的，可以责令被申请人在一定期限内重新作出具体行政行为： 1.主要事实不清、证据不足的； 2.适用依据错误的；	第六十五条 行政行为有下列情形之一的，行政复议机关不撤销该行政行为，但是确认该行政行为违法： (一)行政行为依法应予撤销，但是撤销会给国家利益、社会公共利益造成重大损害； (二)行政行为程序轻微违法，但是对申请人权利不产生实际影响。 行政行为有下列情形之一，不需要撤销或者责令履行的，行政复议机关确认该行政行为违法： (一)行政行为违法，但是不具有可撤销内容；

3.违反法定程序的； 4.超越或者滥用职权的； 5.具体行政行为明显不当的。	（二）被申请人改变原违法行政行为，申请人仍要求撤销或者确认该行政行为违法； （三）被申请人不履行或者拖延履行法定职责，责令履行没有意义。

应用提示

本条款明确确认违法复议决定适用的几种情形，简单地讲，就是行政复议机关因为种种原因，没有办法或者不需求撤销该行政行为，但必须对被申请人作出否定性评价，故而适用确认违法的复议决定。具体包括以下情形：

1.行政行为依法应予撤销，但是撤销会给国家利益、社会公共利益造成重大损害。比如实践中，某商标局根据《新增服务商标的通知》受理了7000余件商标的注册申请，其中1000余件商标的注册申请已经处理完毕。若本案《同日申请协商通知书》被撤销，势必形成连锁反应，破坏基于《新增服务商标的通知》所形成的社会秩序，为数众多的商标申请人的信赖利益亦将受到严重损害，进而影响社会秩序的稳定，故认定商标局作出的《同日申请协商通知书》属于违法行政行为，本应予以撤销，但考虑到撤销后将会给社会公共利益造成重大损害，因此不宜予以撤销。

2.行政行为程序轻微违法，但是对申请人权利不产生实际影响。在实体正义与程序公正之间，如果程序只是轻微违法，则宜作出否定性的确认违法评价以进行警示，不宜撤销后重做，增加行政成本。

3.行政行为违法，但是不具有可撤销内容。这种情况，主要针对事实行为等不具有可撤销内容而无法撤销的情形。比如公安机关在治安管理处罚中对当事人进行了殴打，只能确认殴打行为违法，而无法撤销。

4.被申请人改变原违法行政行为，申请人仍要求撤销或者确认该行政行为违法。在这种情况下，撤销的内容已经不存在的，申请人是为了追求一个说法。比如原来的行政处罚为责令停产停业，后变更为罚款，被申请人已经主动改变了原违法行政行为，这个时候行政复议机关宜作出确认违法的负面评价。

5. 被申请人不履行或者拖延履行法定职责,责令履行没有意义。在被申请人不作为的情况下,申请人提出申请希望其履行法定职责,但是在复议审查的过程中,已经不存在履职的必要或者责令履行已经没有意义。比如申请人报警要求民警出警保护其人身安全,但是拖延履行致使损害已经发生,这个时候责令履行没有意义,行政复议机关可以对此作出确认违法的负面评价。

第六十六条 【行政不作为的复议】被申请人不履行法定职责的,行政复议机关决定被申请人在一定期限内履行。

2017 年行政复议法	2023 年行政复议法
第二十八条第一款第二项 行政复议机关负责法制工作的机构应当对被申请人作出的具体行政行为进行审查,提出意见,经行政复议机关的负责人同意或者集体讨论通过后,按照下列规定作出行政复议决定: …… (二)被申请人不履行法定职责的,决定其在一定期限内履行;	**第六十六条** 被申请人不履行法定职责的,**行政复议机关**决定**被申请人**在一定期限内履行。

▎应用提示 ●●●●●●

行政主体不履行行政义务在司法实践中一般表现为两种形式:一种形式是行政主体在接到相对人的申请或依职权发现相对人的人身权或财产权需要获得保护的情形后,根本没有启动行政程序,属于完全的行政不作为。另一种形式是行政主体虽然启动了行政程序,但在法定的或合理的期限内没有全部完成行政程序,属于不完全的行政不作为,也可以说拖延履行义务。

如果申请人认为被申请人不履行法定职责,从而向行政复议机关提出申请,行政复议机关经审查后认为被申请人的确不履行法定职责的,行政复议机关应该作出责令被申请人在一定期限内履行的复议决定。

> **第六十七条 【确认行政行为无效】**行政行为有实施主体不具有行政主体资格或者没有依据等重大且明显违法情形,申请人申请确认行政行为无效的,行政复议机关确认该行政行为无效。

2017年行政复议法	2023年行政复议法
	第六十七条 行政行为有实施主体不具有行政主体资格或者没有依据等重大且明显违法情形,申请人申请确认行政行为无效的,行政复议机关确认行政行为无效。

应用提示 ••••••

本条为新增条款,新增了复议机关确认行政行为无效的适用情形。

申请人如果发现行政行为实施主体存在不具有行政主体资格,或者行政行为没有依据,或者有其他重大且明显违法情形的,也可以直接申请行政复议机关确认该行政行为无效,这种有点类似于"釜底抽薪"的做法。行政复议机关审查后认为确实存在如上情形的,应该作出确认该行政行为无效的决定。

举例而言,如某乡镇工作组作出责令某煤矿停产停业的决定,则该公司作为申请人,可以向县政府申请确认该行政行为无效,也可以申请撤销该行政行为。复议机关作出不同的复议决定,但最后的法律效果基本等同。

> **第六十八条 【维持行政行为】**行政行为认定事实清楚,证据确凿,适用依据正确,程序合法,内容适当的,行政复议机关决定维持该行政行为。

2017年行政复议法	2023年行政复议法
第二十八条第一款第一项 <u>行政复议机关负责法制工作的机构应当对被申请人作出的具体行政行为进行审查,提出意见,经行政复议机关的负责人同意或者集体讨论通过后,按照下列规定作出行政复议决定:</u> <u>(一)具体</u>行政行为认定事实清楚,证据确凿,适用依据正确,程序合法,内容适当的,<u>决定维持;</u>	**第六十八条** 行政行为认定事实清楚,证据确凿,适用依据正确,程序合法,内容适当的,**行政复议机关**决定维持**该行政行为**。

▌应用提示 ●●●●●

新《行政复议法》用了第六十三条到第六十九条共计7个条款将原第二十八条进行一一拆解,并修改吸收了行政复议、行政诉讼实践经验及学理研究的最新成果,将行政复议决定具体分为维持决定、驳回请求的决定、责令履行的决定、变更行政行为的决定、撤销或者部分撤销该行政行为并责令重做的决定、责令被申请人在一定期限内履行、确认行政行为无效等。

本条规定了维持决定,这也是较为常见的一种复议决定。复议维持是指复议机关经审理后作出维持被申请的行政行为的决定。维持决定作出的前提条件是:行政行为认定事实清楚,证据确凿,适用依据正确,程序合法,内容适当。所以对于被申请人来说,这表明其作出的行政行为的合法性、合理性均得到肯定;对于申请人来说,这意味着其请求被复议机关否定。

▌关联条文 ●●●●●

最高人民法院《关于适用〈中华人民共和国行政诉讼法〉的解释》(法释〔2018〕1号)

第五十九条 公民、法人或者其他组织向复议机关申请行政复议后,复议机关作出维持决定的,应当以复议机关和原行为机关为共同被告,并以复议决定送达时间确定起诉期限。

第六十九条 【不构成行政不作为的复议】行政复议机关受理申请人认为被申请人不履行法定职责的行政复议申请后,发现被申请人没有相应法定职责或者在受理前已经履行法定职责的,决定驳回申请人的行政复议请求。

2017年行政复议法	2023年行政复议法
	第六十九条 行政复议机关受理申请人认为被申请人不履行法定职责的行政复议申请后,发现被申请人没有相应法定职责或者在受理前已经履行法定职责的,决定驳回申请人的行政复议请求。

应用提示

本条明确规定了,行政复议机关受理后经审查发现被申请人没有相应法定职责的,或者在受理前已经履行法定职责的,应作出驳回申请人的行政复议请求的决定。

行政机关不作为是指基于公民、法人或者其他组织的符合条件的申请,行政机关依法应该实施某种行为或履行某种法定职责,而行政机关无正当理由拒绝作为的行政违法行为。具体又可分为消极的不作为与积极的不作为,消极的不作为是行政机关延迟履行法定职责的行为,积极的不作为是明示拒绝履行法定职责的行为。申请人就行政机关的不作为申请行政复议的,需要提交其要求行政机关履行职能的材料,法律另有规定的除外。

这里需要强调的是,没有法定职责意味着申请人错怪了行政机关,"不是我的职责所在,自然不能要求我去办",在受理前已经履行法定职责,意味着行政机关已经开始作为的,不存在申请人所讲的行政不作为的问题,故而对这两种情况,行政复议机关都应作出驳回申请人行政复议请求的决定。

第七十条 【被申请人的举证责任】被申请人不按照本法第四十八条、第五十四条的规定提出书面答复、提交作出行政行为的证据、依据和其他有关材料的,视为该行政行为没有证据、依据,行政复议机关决定撤销、部分撤销该行政行为,确认该行政行为违法、无效或者决定被申请人在一定期限内履行,但是行政行为涉及第三人合法权益,第三人提供证据的除外。

2017 年行政复议法	2023 年行政复议法
第二十八条第一款第四项 行政复议机关负责法制工作的机构应当对被申请人作出的具体行政行为进行审查,提出意见,经行政复议机关的负责人同意或者集体讨论通过后,按照下列规定作出行政复议决定: ……(四)被申请人不按照本法第二十三条的规定提出书面答复、提交当初作出具体行政行为的证据、依据和其他有关材料的,视为该具体行政行为没有证据、依据,决定撤销该具体行政行为。	第七十条 被申请人不按照本法第四十八条、第五十四条的规定提出书面答复、提交作出行政行为的证据、依据和其他有关材料的,视为该行政行为没有证据、依据,行政复议机关决定撤销、部分撤销该行政行为,确认该行政行为违法、无效或者决定被申请人在一定期限内履行,但是行政行为涉及第三人合法权益,第三人提供证据的除外。

应用提示

行政复议中,被申请人负有更重的举证责任,其应当提交书面答复、作出行政行为的证据、依据和其他有关材料。一方面,行政机关作出行政行为时,就必须依据法律规定,并且掌握充足证据,相关材料行政机关应当事先已经具备;另一方面,行政机关需要证明其作出行政行为的合法性与合理性,就必然承担举证责任。因此,如果被申请人不能举证的,则要承担相应的不利后果。

本条款明确规定,被申请人不按照本法第四十八条、第五十四条的规定提出书面答复、提交作出行政行为的证据、依据和其他有关材料的,视为该行政行为没有证据、依据,行政复议机关决定撤销、部分撤销该行政行为,确认该行政行为违法、无效或者决定被申请人在一定期限内履行。

但是只有一种情形例外,就是"第三人的助攻"。如果行政行为涉及第三人合法权益的,第三人提供证据的,可以视为行政行为有相应的证据。这种情况在实践中可能会有利于实质正义的实现,但也可能成为行政机关事后补充证据的一种方式。

> **第七十一条 【行政协议相关】**被申请人不依法订立、不依法履行、未按照约定履行或者违法变更、解除行政协议的,行政复议机关决定被申请人承担依法订立、继续履行、采取补救措施或者赔偿损失等责任。
>
> 被申请人变更、解除行政协议合法,但是未依法给予补偿或者补偿不合理的,行政复议机关决定被申请人依法给予合理补偿。

2017年行政复议法	2023年行政复议法
	第七十一条 被申请人不依法订立、不依法履行、未按照约定履行或者违法变更、解除行政协议的,行政复议机关决定被申请人承担依法订立、继续履行、采取补救措施或者赔偿损失等责任。 被申请人变更、解除行政协议合法,但是未依法给予补偿或者补偿不合理的,行政复议机关决定被申请人依法给予合理补偿。

应用提示 ●●●●●●

本条为新增条款。行政协议是指行政机关为实现行政管理或者公共服务目标,与公民、法人或者其他组织协商订立的具有行政法上权利义务内容的协议,在实践中使用非常广泛,因此引发的行政争议也不少。最高人民法院于 2019 年 11 月 27 日专门出台了《关于审理新政协议案件若干问题的规定》。

新《行政复议法》吸纳了《民法典》关于合同责任的规定和《行政诉讼法》中行政协议的有关规定，明确行政复议机关决定被申请人承担依法订立、继续履行、采取补救措施或者赔偿损失等责任，此举有利于将行政协议纠纷化解在行政系统内部。

具体而言，分为两种情形：

1. 被申请人不依法订立、不依法履行、未按照约定履行或者违法变更、解除行政协议的。这种情况下，行政机关具有主观恶意，行政复议机关决定被申请人承担依法订立、继续履行、采取补救措施或者赔偿损失等责任。

2. 被申请人变更、解除行政协议合法，但是未依法给予补偿或者补偿不合理的。这种情况下，属于补偿不合理引发争议，行政复议机关决定被申请人依法给予合理补偿。

关联条文 ●●●●●●

《行政诉讼法》（2017 版）

第七十八条　被告不依法履行、未按照约定履行或者违法变更、解除本法第十二条第一款第十一项规定的协议的，人民法院判决被告承担继续履行、采取补救措施或者赔偿损失等责任。

被告变更、解除本法第十二条第一款第十一项规定的协议合法，但未依法给予补偿的，人民法院判决给予补偿。

第七十二条　【行政赔偿相关】申请人在申请行政复议时一并提出行政赔偿请求，行政复议机关对依照《中华人民共和国国家赔偿法》的有关规定应当不予赔偿的，在作出行政复议决定时，应当同时决定驳回行政赔偿请求；对符合《中华人民共和国国家赔偿法》的有关规定应当给予赔偿的，在决定撤销或者部分撤销、变更行政行为或者确认行政行为违法、无效时，应当同时决定被申请人依法给予赔偿；确认行政行为违法的，还可以同时责令被申请人采取补救措施。

申请人在申请行政复议时没有提出行政赔偿请求的，行政复议机关在依法决定撤销或者部分撤销、变更罚款，撤销或者部分撤销违法集资、没收财物、征收征用、摊派费用以及对财产的查封、扣押、冻结等行政行为时,应当同时责令被申请人返还财产,解除对财产的查封、扣押、冻结措施,或者赔偿相应的价款。

2017年行政复议法	2023年行政复议法
第二十九条 申请人在申请行政复议时可以一并提出行政赔偿请求,行政复议机关对符合国家赔偿法的有关规定应当给予赔偿的,在决定撤销、变更**具体**行政行为或者确认**具体**行政行为违法时,应当同时决定被申请人依法给予赔偿。 申请人在申请行政复议时没有提出行政赔偿请求的,行政复议机关在依法决定撤销或者变更罚款,撤销违法集资、没收财物、征收财物、摊派费用以及对财产的查封、扣押、冻结等**具体**行政行为时,应当同时责令被申请人返还财产,解除对财产的查封、扣押、冻结措施,或者赔偿相应的价款。	第七十二条 申请人在申请行政复议时一并提出行政赔偿请求,行政复议机关**对依照《中华人民共和国国家赔偿法》的有关规定应当不予赔偿的,在作出行政复议决定时,应当同时决定驳回行政赔偿请求;**对符合《**中华人民共和国国家赔偿法**》的有关规定应当给予赔偿的,在决定撤销**或者部分撤销**、变更行政行为或者确认行政行为违法、**无效**时,应当同时决定被申请人依法给予赔偿;确认行政行为违法**的,还可以同时责令被申请人采取补救措施**。 申请人在申请行政复议时没有提出行政赔偿请求的,行政复议机关在依法决定撤销或者**部分撤销**、变更罚款,撤销**或者部分撤销**违法集资、没收财物、征收**征用**、摊派费用以及对财产的查封、扣押、冻结等行政行为时,应当同时责令被申请人返还财产,解除对财产的查封、扣押、冻结措施,或者赔偿相应的价款。

应用提示

本条为修改条款,规定得非常细致,主要区分了申请人一并提出行政赔偿请求以及行政复议机关依职权作出赔偿决定两种情形。

在第一种依申请的情形中,行政复议机关要依照《国家赔偿法》的有关规定进行相应的审查,认为应当不予赔偿的,在作出行政复议决定时,应当同时决定驳回行政赔偿请求;认为应当给予赔偿的,在决定撤销或者部分撤销、变更行政行为或者确认行政行为违法、无效时,则同时决定被申请人依法给予赔偿。

同时,最后审议稿中还增加了"确认行政行为违法的,还可以同时责令被申请人采取补救措施",体现了复议为民,主动行政的理念。

在第二种依职权作出赔偿决定的情形中,申请人在申请行政复议时并没有提出行政赔偿请求,这个时候要根据行政复议机关的复议决定类型来判断。只有在以下几种具体的决定,比如依法决定撤销或者部分撤销、变更罚款,撤销或者部分撤销违法集资、没收财物、征收征用、摊派费用以及对财产的查封、扣押、冻结等——这些都涉及"钱"的复议决定时,复议机关才应当同时责令被申请人返还财产,解除对财产的查封、扣押、冻结措施,或者赔偿相应的价款。

由此可见,如果申请人认为自己的财产利益受损的,最好在提交复议申请的时候一并提出行政赔偿请求。

第七十三条 【行政复议调解书】当事人经调解达成协议的,行政复议机关应当制作行政复议调解书,经各方当事人签字或者签章,并加盖行政复议机关印章,即具有法律效力。

调解未达成协议或者调解书生效前一方反悔的,行政复议机关应当依法审查或者及时作出行政复议决定。

2017年行政复议法	2023年行政复议法
	第七十三条 当事人经调解达成协议的,行政复议机关应当制作行政复议调解书,经各方当事人签字或者签章,并加盖行政复议机关印章,即具有法律效力。 调解未达成协议或者调解书生效前一方反悔的,行政复议机关应当依法审查或者及时作出行政复议决定。

应用提示

本条为新增条款,明确了行政复议可以经调解结案并制作行政复议调解书。

行政复议的调解,是在复议机关主持下申请人与被申请人之间达成协议解决争议的方式。比较常见的调解场景:(1)公民、法人或者其他组织对行政机关行使法律、法规规定的自由裁量权作出的具体行政行为不服申请行政复议的;(2)当事人之间的行政赔偿或者行政补偿纠纷。

行政复议机关应按照自愿、合法的原则进行调解。当事人经调解达成协议的,行政复议机关应当制作行政复议调解书。调解书应当载明行政复议请求、事实、理由和调解结果,并加盖行政复议机关印章。行政复议调解书经双方当事人签字或盖章后并加盖行政复议机关印章,即具有法律效力。调解未达成协议或者调解书生效前一方反悔的,行政复议机关应当及时作出行政复议决定。调解可以迅速解决行政争议,真正做到案结事了。

典型案例

某建设集团有限责任公司不服某区人力资源和社会保障局劳动保障监察行政处理决定申请行政复议案(宁夏回族自治区司法厅公布)

【决定要旨】

行政复议工作既要注重追求法律公平正义,也要化解社会矛盾纠纷,实质性化解行政争议。本案因人力资源和社会保障部门解决某建设公司拖欠农民工工资而产生,处理过程中某建设公司认为自己利益受到损害,对人力资源和社会保障部门作出的支付决定不服提起行政复议。行政复议机关通过对数百名农民工近两年的工资发放情况、十几份工程和劳务合同、6000余万元工程款项进行审核,详细查阅案卷,核对数据,核实法条,听取双方意见,两次召开听证会,逐步厘清了双方争议的焦点和案件存在的问题,在确保农民工工资得到保障的前提下,最终以调解方式结案。

【争议焦点】

(1)被申请人作出的行政处理决定所涉法律适用是否适当?(2)程序是否合法?(3)对拖欠工资数额的认定是否正确?

【基本案情】

申请人:某建设集团有限责任公司(以下简称某建设公司)

被申请人:某区人力资源和社会保障局

第三人:某劳务有限公司(以下简称某劳务公司)

第三人:某建筑劳务有限公司(以下简称某建筑劳务公司)

申请人某建设公司负责承建案涉居民小区项目,与第三人某劳务公司签订《劳务分包合同》,合同金额为 20,225,480.93 元,与第三人某建筑劳务公司签订《劳务分包合同》,合同金额为 24,456,731.18 元。以上合同均约定了工程款支付时间节点及比例。2021 年 8 月,多名案涉工程农民工因未拿到工资先后向被申请人投诉。2021 年 11 月 12 日,被申请人对申请人某建设公司作出《劳动保障监察行政处理决定书》,认为申请人存在拖欠农民工工资行为,责令申请人于 2021 年 11 月 30 日前清偿农民工工资 1586.4668 万元。申请人不服,于 2022 年 1 月 11 日向行政复议机关提起行政复议,要求免于或从轻、减轻处理决定。

申请人认为其严格按照要求将劳务费用存入农民工工资专用账户,未拖欠农民工工资,并要求劳务分包企业编制农民工名册、工资表等材料,已尽到相应责任,被申请人作出的行政处理决定认定事实不清,适用法律错误,违反法定程序。

被申请人认为申请人违法分包劳务工程,依据《保障农民工工资支付条例》规定,分包单位拖欠农民工工资的,由施工总承包单位先进行清偿,再依法追偿,其作出的行政处理决定符合法律规定;其经调查并在前期下发《责令整改指令书》及《行政处理事先告知书》后,才作出行政处理决定,程序合法;其依据调查笔录、工资表、班组结算表等证据认定的下欠劳务费金额准确。

复议机关针对争议的三个焦点问题,分别作出如下认定:

1. 关于法律适用问题。依据《劳动保障监察条例》第十八条规定,劳动保障行政部门对违反劳动保障法律、法规或者规章的行为,根据调查、监察结果,对应当改正未改正的,依法责令改正或者作出相应的行政处理决定。本案中,申请人作为案涉工程的施工承包单位,将劳务工程分包给第三人施工,依据《保障农民工工资支付条例》第三十条"施工总承包单位对分包单位劳动用工和工资发放等情况进行监督;分包单位拖欠农民工工资的,由施工总承包单位先进行清偿,再依法进行追偿"之规定,在分包单位拖欠农民工工资情形下,申请人应先行清偿,再依法追偿,案涉行政处理决定适用法律正确。

2. 关于程序问题。如前所述,劳动保障行政部门对违反劳动保障法律、法规或者规章的行为,根据调查、监察结果,对应当改正未改正的,依法责令改正或者作出相应的行政处理决定。本案中,根据农民工投诉,被申请人进行调查并制作调查笔录,同时下发《责令整改指令书》及《行政处理事先告知书》,在申请人及第三人未予整改情形下,被申请人作出行政处理决定,程序合法。

3. 关于认定金额是否正确的问题。经复议机关审查认为,下欠劳务费具体金额应由双方对账、财务审计,并结合工程进度及付款节点予以认定,被申请人认定的具体数额有误。

复议期间,复议机关会同相关部门及工程发包方、承包方筹集资金508.8552万元,并于2022年1月26日发放至农民工,解决了拖欠农民工工资问题。鉴于申请人、第三人已支付部分劳务费解决了农民工讨薪问题,复议机关积极协调双方当事人达成调解,并于2022年4月8日作出《行政复议调解书》,双方达成如下调解内容:(1)申请人撤回本次复议申请;(2)被申请人终止《劳动保障监察行政处理决定书》的执行,按现在支付情况做结案处理;(3)申请人后续及时与三家劳务公司进行劳务工资核算,确保后续农民工工资及时发放;(4)被申请人按当前结案处理时申请人已经支付情况,监督协调劳务公司按实际情况向申请人开具相应发票;(5)被申请人继续监督和协助申请人与劳务公司进行劳务款核算,帮助申请人解决农民工讨薪问题。申请人与劳务公司之间的民事纠纷可按法律规定向法院提起诉讼。

行政复议调解起到了定分止争、实质性化解行政争议的作用,后该工程正常施工,再未发生农民欠薪投诉情形。

第七十四条 【和解及撤回复议申请】当事人在行政复议决定作出前可以自愿达成和解,和解内容不得损害国家利益、社会公共利益和他人合法权益,不得违反法律、法规的强制性规定。

当事人达成和解后,由申请人向行政复议机构撤回行政复议申请。行政复议机构准予撤回行政复议申请、行政复议机关决定终止行政复议的,申请人不得再以同一事实和理由提出行政复议申请。但是,申请人能够证明撤回行政复议申请违背其真实意愿的除外。

2017年行政复议法	2023年行政复议法
	第七十四条 当事人在行政复议决定作出前可以自愿达成和解,和解内容不得损害国家利益、社会公共利益和他人合法权益,不得违反法律、法规的强制性规定。 当事人达成和解后,由申请人向行政复议机构撤回行政复议申请。行政复议机构准予撤回行政复议申请、行政复议机关决定终止行政复议的,申请人不得再以同一事实和理由提出行政复议申请。但是,申请人能够证明撤回行政复议申请违背其真实意愿的除外。
第三十条第二款 根据国务院或者省、自治区、直辖市人民政府对行政区划的勘定、调整或者征收土地的决定,省、自治区、直辖市人民政府确认土地、矿藏、水流、森林、山岭、草原、荒地、滩涂、海域等自然资源的所有权或者使用权的行政复议决定为最终裁决。	新法删了本条规定

应用提示

本条为新增条款,确立了行政复议中的和解制度及申请撤回制度。

和解制度本质上是申请人与被申请人之间的和解,和解之后申请人可以主动提出撤回行政复议申请。

申请人可以提出撤回申请,并不意味着申请人想撤就一定能撤,行政复议机构应对撤回申请进行审查。和解内容不得损害国家利益、社会公共利益和他人合法权益,不得违反法律、法规的强制性规定。

撤回复议申请之后,申请人不得再以同一事实和理由提出行政复议申请。也就是说丧失了再次提起行政复议的机会。只有一种情况可以例外,就是申请人能够证明撤回行政复议申请违背其真实意思表示的除外。这种撤回并非自愿撤回,可能是行政机关为了和解作出了某种承诺但事后又没有兑现承诺,这种情况下,应该允许申请人再度提出复议申请。

典型案例

王某不服社会保险基金不予先行支付案(司法部行政复议司发布)[1]

申请人:王某

被申请人:某县人力资源和社会保障局

申请人因不服被申请人作出的职工医疗保险不予先行支付的具体行政行为,向行政复议机关申请行政复议,请求责令被申请人先行支付医疗费用300,101.60元。

申请人认为,申请人父亲王父系退休职工,2014年5月1日因发生交通事故入院治疗103天,但因医治无效于同年8月12日去世,共产生医疗费用300,101.60元,因家庭贫困未予交纳。因事故责任形成原因没有确定,侵权人拒不赔偿。申请人依据《社会保险法》第三十条、《社会保险基金先行支付暂行办法》第二条的规定,向被申请人提出关于王父医疗费用先行支付申请,被申请人告知不予先行支付,并没有向申请人出具书面答复。

被申请人认为,根据《社会保险法》第三十条第二款、《社会保险基金先行支付暂行办法》第二条第一款的规定,第三人侵权造成伤病,由基本医疗保险基金支付医疗费用的情形只有以下三种情况:(1)无法确定侵权第三人的;

---

[1] 司法部行政复议司主编:《行政复议典型案例选编》(2016—2017),中国法制出版社2018年版。

(2)虽然能够确认侵权第三人,但是第三人不支付的。(3)存在第三人,并且第三人已经按照责任大小承担了医疗费用,超过第三人责任部分的医疗费用,由基本医疗保险基金按照国家规定支付。根据交警大队道路交通事故证明,可以确定造成申请人父亲王父伤病的侵权第三人,但是无法确认双方之间事故责任和侵权第三人应当承担的医疗费用份额,也就无法确定医疗保险基金应先行支付的数额,因此不符合先行支付的条件。

经调解,申请人撤回行政复议,复议机关依法终止行政复议。

【焦点问题评析】

本案争议的主要焦点在于无法确定交通事故双方责任的情况下,被申请人是否可以先行支付。《社会保险法》第三十条第二款规定:"医疗费用依法应当由第三人负担,第三人不支付或者无法确定第三人的,由基本医疗保险基金先行支付。基本医疗保险基金先行支付后,有权向第三人追偿。"《社会保险基金先行支付暂行办法》第二条规定:"参加基本医疗保险的职工或者居民由于第三人的侵权行为造成伤病的,其医疗费用应当由第三人按照确定的责任大小依法承担。超过第三人责任部分的医疗费用,由基本医疗保险基金按照国家规定支付。前款规定中应当由第三人支付的医疗费用,第三人不支付或者无法确定第三人的,在医疗费用结算时,个人可以向参保地社会保险经办机构书面申请基本医疗保险基金先行支付,并告知造成其伤病的原因和第三人不支付医疗费用或者无法确定第三人的情况。"医疗保险基金先行支付的条件是第三人不支付或者无法确定第三人。关于"第三人不支付"的问题,相关法律都没有具体规定,实践中主要表现为"第三人拒不支付"或者"第三人无力支付"。本案中,第三人可以确定,且第三人可以支付,只是在无法确定第三人责任的情况下无法确定数额。申请人应该通过法律途径划清事故责任后,根据第三人支付情况再行申请医疗保险先行支付。

在办理本案过程中,办案人员采取听证审理方式,双方在听证会上充分发表了自己的意见,当事双方达成调解协议,申请人先起诉划清事故责任,超出第三人支付部分或者事后第三人拒不支付,被申请人可以先行支付。申请人撤回行政复议申请,行政复议终止。(山东省临沂市郯城县人民政府法制局提供)

第七十五条 【复议决定书】行政复议机关作出行政复议决定,应当制作行政复议决定书,并加盖行政复议机关印章。

行政复议决定书一经送达,即发生法律效力。

2017年行政复议法	2023年行政复议法
第三十一条第二款、第三款 行政复议机关作出行政复议决定,应当制作行政复议决定书,并加盖印章。 行政复议决定书一经送达,即发生法律效力。	第七十五条 行政复议机关作出行政复议决定,应当制作行政复议决定书,并加盖**行政复议机关**印章。 行政复议决定书一经送达,即发生法律效力。

应用提示

本条沿袭了原《行政复议法》的规定。经过审查后,行政复议机关应制作行政复议决定书,并加盖印章,本条强调此印章为"行政复议机关印章",而非行政复议机构的印章。此外,复议机关的决定必须送达申请人和被申请人,送达之日即发生法律效力。获知行政复议的结果,是申请人的法定权利,也是依法行政的应有之义。

第七十六条 【复议意见书】行政复议机关在审理行政复议案件过程中,发现被申请人或者其他下级行政机关的有关行政行为违法或者不当的,可以向其制发行政复议意见书。有关机关应当自收到行政复议意见书之日起六十日内,将纠正相关违法或者不当行政行为的情况报送行政复议机关。

2017年行政复议法	2023年行政复议法
第三条第一款第五项 <u>依照本法履行行政复议职责的行政机关是行政复议机关。</u>行政复议机关<u>负责法制工作的机构具体办理行政复议事项,履行下列职责:</u>	第七十六条 行政复议机关在办理行政复议案件过程中,发现被申请人或者其他下级行政机关的有关行政行为违法或者不当的,可以向其制发行政复议意见书。

…… (五)对行政机关违反本法规定的行为依照规定的权限和程序提出处理建议;	有关机关应当自收到行政复议意见书之日起六十日内,将纠正相关违法或者不当行政行为的情况报送行政复议机关。

应用提示

行政复议之所以能发挥解决行政争议的主渠道功能,对依法行政、法治国家建设影响巨大,就在于行政复议是在行政系统内部解决争议纠纷,具有灵活与高效性,可以在上下级之间、与纪检监察之间建立直接联系。

当复议机关在进行复议审查时,发现被申请人或者其他下级行政机关的有关行政行为违法或者不当的,可以向其制发行政复议意见书,从而实现行政监督功能。相应地,有关机关收到行政复议意见书之日起六十日内,必须将纠正相关违法或者不当行政行为的情况报送行政复议机关。

第七十七条 【被申请人不履行复议决定的处理】被申请人应当履行行政复议决定书、调解书、意见书。

被申请人不履行或者无正当理由拖延履行行政复议决定书、调解书、意见书的,行政复议机关或者有关上级行政机关应当责令其限期履行,并可以约谈被申请人的有关负责人或者予以通报批评。

2017年行政复议法	2023年行政复议法
第三十二条 被申请人应当履行行政复议决定。 被申请人不履行或者无正当理由拖延履行行政复议决定的,行政复议机关或者有关上级行政机关应当责令其限期履行。	第七十七条 被申请人应当履行行政复议决定书、调解书、意见书。 被申请人不履行或者无正当理由拖延履行行政复议决定书、调解书、意见书的,行政复议机关或者有关上级行政机关应当责令其限期履行,并可以约谈被申请人的有关负责人或者予以通报批评。

应用提示

行政复议最终可能形成三种文书,行政复议决定书、调解书、意见书。其中决定书最为常见,调解书一样具有法律拘束力,意见书体现了上级对下级的指示。机关作出的行政复议决定,一经送达,即发生法律效力,被申请人必须执行。履行行政复议决定是作为被申请人的行政机关必须履行的法定义务,如果其拒绝履行,可能构成违法违纪,应当承担一定的法律责任。

不履行或者无正当理由拖延履行的行政复议生效法律文书的,行政复议机关或者有关上级行政机关应当责令本申请人限期履行。二次审议稿中使用的是,"仍不履行的,行政复议机关或者有关上级行政机关可以约谈被申请人的有关负责人或者予以通报批评",最终审议稿删除了"仍不履行"这一前提规定,同时明确可以约谈被申请人的有关负责人或者予以通报批评。因为作为被申请人的行政机关不积极主动去履行行政复议生效法律文书,其有关负责人负有首要的领导责任,加之行政处分的对象只能是具体的人,而不能是组织,因此,当被申请人拒不履行时,约谈相关负责人并给予通报批评具有相当大的威慑力。在本法法律责任部分第八十三条,还详细规定了对负有责任的领导人员和直接责任人员予以相应的行政处分措施。

第七十八条 【申请人、第三人不履行复议决定的处理】申请人、第三人逾期不起诉又不履行行政复议决定书、调解书的,或者不履行最终裁决的行政复议决定的,按照下列规定分别处理:

(一)维持行政行为的行政复议决定书,由作出行政行为的行政机关依法强制执行,或者申请人民法院强制执行;

(二)变更行政行为的行政复议决定书,由行政复议机关依法强制执行,或者申请人民法院强制执行;

(三)行政复议调解书,由行政复议机关依法强制执行,或者申请人民法院强制执行。

2017年行政复议法	2023年行政复议法
第三十三条　申请人逾期不起诉又不履行行政复议决定的,或者不履行最终裁决的行政复议决定的,按照下列规定分别处理: (一)维持**具体**行政行为的行政复议决定,由作出**具体**行政行为的行政机关依法强制执行,或者申请人民法院强制执行; (二)变更**具体**行政行为的行政复议决定,由行政复议机关依法强制执行,或者申请人民法院强制执行。	第七十八条　申请人、第三人逾期不起诉又不履行行政复议决定**书、调解书**的,或者不履行最终裁决的行政复议决定的,按照下列规定分别处理: (一)维持行政行为的行政复议决定**书**,由作出行政行为的行政机关依法强制执行,或者申请人民法院强制执行; (二)变更行政行为的行政复议决定**书**,由行政复议机关依法强制执行,或者申请人民法院强制执行; (三)行政复议调解书,由行政复议机关依法强制执行,或者申请人民法院强制执行。

应用提示

本条规定了申请人、第三人逾期不起诉又不履行行政复议决定书、调解书的情形,应如何处理。主要分为三类情形:

1. 维持行政行为的行政复议决定书的,则由原来作出行政行为的行政机关依法强制执行,如果行政机关没有强制执法权的,则申请人民法院强制执行。

2. 变更行政行为的行政复议决定书的。相当于新作出一个行政决定,则由行政复议机关依法强制执行,如果行政机关没有强制执法权的,则申请人民法院强制执行。

3. 行政复议调解书,正常情况下,调解书一般会得到双方自愿履行,但也有部分申请人或第三人不履行,则由行政复议机关依法强制执行,或者申请人民法院强制执行。

> 第七十九条 【复议决定书的公开】行政复议机关应当根据被申请行政复议的行政行为的公开情况,按照国家有关规定将行政复议决定书向社会公开。
>
> 县级以上地方各级人民政府办理以本级人民政府工作部门为被申请人的行政复议案件,应当将发生法律效力的行政复议决定书、意见书同时抄告被申请人的上一级主管部门。

2017 年行政复议法	2023 年行政复议法
	第七十九条 行政复议机关根据被申请行政复议的行政行为的公开情况,按照国家有关规定将行政复议决定书向社会公开。 县级以上地方各级人民政府办理以本级人民政府工作部门为被申请人的行政复议案件,应当将发生法律效力的行政复议决定书、意见书同时抄告被申请人的上一级主管部门。

▍**应用提示** ●●●●●●●

本条为新增条款,是关于复议公开的重要规定。

行政复议遵循公开原则,即行政复议活动应当公开进行,将行政复议活动中听证程序尤其是裁决结果等公之于众,可以有效地防止行政复议活动的推诿、拖延以及腐败等问题,增强民众对行政复议的信任感。主要包含以下几个方面:(1)程序公开。行政复议机关进行行政复议活动时,应当公开行政复议程序,公开处理依据,公开处理结果,同时应当告知当事人不服行政复议决定的救济方式。(2)结果公开。公开复议决定书,一方面可以公示复议结果,另一方面可以供社会学习。

本条第一款规定了行政复议决定书向社会公开的原则,但是前提是"根据被申请行政复议的行政行为的公开情况",这意味着,如果原行政行为本身涉及国家秘密、商业秘密和个人隐私未予公开的,则行政复议决定书一般也不公开。此外,行政复议调解书一般为双方持有,不对社会公开。

第二款特别规定了县级以上地方各级人民政府办理以本级人民政府工作部门为被申请人的行政复议案件,应当将发生法律效力的行政复议决定书、意见书同时抄告被申请人的上一级主管部门。比如县政府办理的以县公安局为被申请人的案件,如果县公安局的拘留决定被撤销并且还发现存在殴打行为的,复议机关向县公安局发送了决定书与意见书,公开行政复议决定书的同时,还应该将行政复议决定书、意见书抄告市公安局,这种抄告制度背后是对政府条块组织结构的尊重,也有利于提高依法行政的水平。

第六章　法　律　责　任

> **第八十条　【复议机关不依法履行职责的处罚】**行政复议机关不依照本法规定履行行政复议职责,对负有责任的领导人员和直接责任人员依法给予警告、记过、记大过的处分;经有权监督的机关督促仍不改正或者造成严重后果的,依法给予降级、撤职、开除的处分。

2017 年行政复议法	2023 年行政复议法
第三十四条　行政复议机关违反本法规定,无正当理由不予受理依法提出的行政复议申请或者不按照规定转送行政复议申请的,或者在法定期限内不作出行政复议决定的,对直接负责的主管人员和其他直接责任人员依法给予警告、记过、记大过的行政处分;经责令受理仍不受理或者不按照规定转送行政复议申请,造成严重后果的,依法给予降级、撤职、开除的行政处分。	第八十条　行政复议机关不依照本法规定履行行政复议职责,对负有责任的领导人员和直接责任人员依法给予警告、记过、记大过的处分;经有权监督的机关督促仍不改正或者造成严重后果的,依法给予降级、撤职、开除的处分。

▎应用提示 ●●●●●●

法律责任条款被称为一部法律的"牙齿",本条是关于行政复议机关不履行行政复议职责的相关法律责任规定。

行政复议是政府系统自我纠错的监督制度和解决"民告官"行政争议的救济制度,是推进法治政府建设的重要抓手,也是维护公民、法人和其他组织合法权益的重要渠道,所以务必要发挥行政复议公正高效、便民为民的制度优势和化解行政争议的主渠道作用。

行政复议制度要具体落地,离不开行政复议机关的具体工作。如果行政复议机关不依照本法规定履行行政复议职责,怠于、推卸履行,则行政复议的功能与价值无法实现,所以本章规定了相应的法律责任条款,督促负有责任的领导人员和直接责任人员切实履职。

本条的规定有一个递进关系,如行政复议机关不依照本法规定履行行政复议职责,对负有责任的领导人员和直接责任人员,先是依法给予警告、记过、记大过的处分;如果经有权监督的行政机关督促仍不改正或者造成严重后果的,则依法给予降级、撤职、开除这样更重的行政处分措施,针对的对象主要是"负有责任的领导人员和直接责任人员。"

第八十一条 【渎职处罚】行政复议机关工作人员在行政复议活动中,徇私舞弊或者有其他渎职、失职行为的,依法给予警告、记过、记大过的处分;情节严重的,依法给予降级、撤职、开除的处分;构成犯罪的,依法追究刑事责任。

2017 年行政复议法	2023 年行政复议法
第三十五条 行政复议机关工作人员在行政复议活动中,徇私舞弊或者有其他渎职、失职行为的,依法给予警告、记过、记大过的行政处分;情节严重的,依法给予降级、撤职、开除的行政处分;构成犯罪的,依法追究刑事责任。	第八十一条 行政复议机关工作人员在行政复议活动中,徇私舞弊或者有其他渎职、失职行为的,依法给予警告、记过、记大过的处分;情节严重的,依法给予降级、撤职、开除的处分;构成犯罪的,依法追究刑事责任。

应用提示

本条是关于行政复议机关工作人员在复议工作中涉及其他违法、违纪行为的,所应承担的法律责任。具体分为三种:

1. 徇私舞弊或者有其他渎职、失职行为的,依法给予警告、记过、记大过的处分;

2. 情节严重的,依法给予降级、撤职、开除的处分;

3. 构成犯罪的,依法追究刑事责任。

前两种属于行政处分,是行政系统内部给予的处分措施。第三种则属于性质严重到违法犯罪的,比如涉嫌受贿罪的,则应依法追究相关人员的刑事责任。

> 第八十二条 【被申请人不提交答复、资料和阻碍他人复议申请时的处罚】被申请人违反本法规定,不提出书面答复或者不提交作出行政行为的证据、依据和其他有关材料,或者阻挠、变相阻挠公民、法人或者其他组织依法申请行政复议的,对负有责任的领导人员和直接责任人员依法给予警告、记过、记大过的处分;进行报复陷害的,依法给予降级、撤职、开除的处分;构成犯罪的,依法追究刑事责任。

2017 年行政复议法	2023 年行政复议法
第三十六条 被申请人违反本法规定,不提出书面答复或者不提交作出**具体**行政行为的证据、依据和其他有关材料,或者阻挠、变相阻挠公民、法人或者其他组织依法申请行政复议的,对**直接负责的主管**人员和**其他**直接责任人员依法给予警告、记过、记大过的**行政**处分;进行报复陷害的,依法给予降级、撤职、开除的**行政**处分;构成犯罪的,依法追究刑事责任。	第八十二条 被申请人违反本法规定,不提出书面答复或者不提交作出行政行为的证据、依据和其他有关材料,或者阻挠、变相阻挠公民、法人或者其他组织依法申请行政复议的,对**负有责任的领导**人员和直接责任人员依法给予警告、记过、记大过的处分;进行报复陷害的,依法给予降级、撤职、开除的处分;构成犯罪的,依法追究刑事责任。

▍应用提示

本条主要是规定被申请人(作出行政行为的行政机关)存在故意对抗行政复议审查的情形时,负有责任的领导人员和直接责任人员应承担相应的法律责任。阐释如下:

1. 具体行为表现为:不提出书面答复,不提交作出行政行为的证据、依据和其他有关材料或者阻挠、变相阻挠公民、法人或者其他组织依法申请行政复议的。

2. 处分对象为负有责任的领导人员和直接责任人员。

3. 处分措施为警告、记过、记大过的处分;进行报复陷害的,依法给予降级、撤职、开除的处分;构成犯罪的,依法追究刑事责任。

第八十三条 【被申请人不履行或迟延履行复议决定书、调解书、意见书的处罚】被申请人不履行或者无正当理由拖延履行行政复议决定书、调解书、意见书的,对负有责任的领导人员和直接责任人员依法给予警告、记过、记大过的处分;经责令履行仍拒不履行的,依法给予降级、撤职、开除的处分。

2017 年行政复议法	2023 年行政复议法
第三十七条 被申请人不履行或者无正当理由拖延履行行政复议决定的,对<u>直接负责的主管人员</u>和<u>其他</u>直接责任人员依法给予警告、记过、记大过的<u>行政</u>处分;经责令履行仍拒不履行的,依法给予降级、撤职、开除的<u>行政</u>处分。	第八十三条 被申请人不履行或者无正当理由拖延履行行政复议决定**书、调解书、意见书**的,对**负有责任的领导人员**和直接责任人员依法给予警告、记过、记大过的处分;经责令履行仍拒不履行的,依法给予降级、撤职、开除的处分。

应用提示

本条为针对被申请人不履行或者拖延履行行政复议相关决定的,负有责任的领导人员和直接责任人员应承担相应的法律责任。

1. 具体行为表现为:被申请人不履行或者无正当理由拖延履行行政复议决定书、调解书、意见书的。

2. 处分对象为负有责任的领导人员和直接责任人员。

3. 处分措施为依法给予警告、记过、记大过的处分;经责令履行仍拒不履行的,依法给予降级、撤职、开除的处分。也体现了一种先轻后重的处分原则,如果经责令履行仍然拒不履行的,则施以更重的行政处分。

其中要注意一点,行政复议的结果可能体现为行政复议决定书,也可能是行政复议调解书、行政复议意见书,都具有法律效力,当事人应完全

第八十四条 【拒绝、阻挠行政复议调查取证行为的处罚】拒绝、阻挠行政复议人员调查取证，故意扰乱行政复议工作秩序的，依法给予处分、治安管理处罚；构成犯罪的，依法追究刑事责任。

2017年行政复议法	2023年行政复议法
	第八十四条 拒绝、阻挠行政复议人员调查取证，故意扰乱行政复议工作秩序的，依法给予处分、治安管理处罚；构成犯罪的，依法追究刑事责任。

▎**应用提示** ●●●●●●

本条属于新增条款，增加了对拒绝、阻挠行政复议调查取证行为的追责条款。

调查取证是行政复议查明事实、得出正确决定的必要步骤，拒绝、阻碍行政复议人员调查取证，是对行政复议工作的不配合与对抗，扰乱了行政复议工作秩序，也是对行政机关的蔑视，本条专门针对这种行为要求依法给予处分或者治安管理处罚；构成犯罪的，依法追究刑事责任。

第八十五条 【行政机关及其工作人员复议工作违法的处理】行政机关及其工作人员违反本法规定的，行政复议机关可以向监察机关或者公职人员任免机关、单位移送有关人员违法的事实材料，接受移送的监察机关或者公职人员任免机关、单位应当依法处理。

2017年行政复议法	2023年行政复议法
第三十八条 行政复议机关负责法制工作的机构发现有无正当理由不予受理行政复议申请、不按照规定期限作出行政复议决定、	第八十五条 行政机关及其工作人员违反本法规定的，行政复议机关可以向监察机关或者公职人员任免机关、单位移送有关人员

徇私舞弊、对申请人打击报复或者不履行行政复议决定等情形的,应当向有关行政机关提出建议,有关行政机关应当依照本法和有关法律、行政法规的规定作出处理。	违法的事实材料,接受移送的监察机关或者公职人员任免机关、单位应当依法处理。

应用提示 ●●●●●●●●

本条属于重大修改,健全了行政复议与纪检监察的衔接机制。

如果行政复议机关在进行行政复议的过程中,发现行政机关及其工作人员违反本法规定的,可以向监察机关或者公职人员任免机关、单位移送有关人员违法的事实材料,提供违法、违纪的线索。接受移送的监察机关或者公职人员任免机关、单位应当依法处理。这里使用的是"应当"一词,而不是"可以",意味着相关机关、单位对于行政复议机关移送的问题必须有所回应,有所结论。

第八十六条 【行政复议中公职人员涉嫌职务犯罪的处置】行政复议机关在办理行政复议案件过程中,发现公职人员涉嫌贪污贿赂、失职渎职等职务违法或者职务犯罪的问题线索,应当依照有关规定移送监察机关,由监察机关依法调查处置。	
2017 年行政复议法	2023 年行政复议法
	第八十六条 行政复议机关在办理行政复议案件过程中发现公职人员涉嫌贪污贿赂、失职渎职等职务违法或者职务犯罪的问题线索,应当依照有关规定移送监察机关,由监察机关依法调查处置。

应用提示

本条属于新增条款,与第八十五条一起规定了行政复议与纪检监察的衔接机制。

明确行政复议机关在具体办理行政复议案件的过程中,如果发现公职人员涉嫌贪污贿赂、失职渎职等职务违法或者职务犯罪的问题线索,应当依照有关规定移送监察机关,由监察机关依法调查处置。注意,这里是移送监察机关,而非移送给检察机关,体现了行政复议与纪检监察的衔接。

第七章 附 则

第八十七条 【复议费用】行政复议机关受理行政复议申请,不得向申请人收取任何费用。

2017年行政复议法	2023年行政复议法
第三十九条 行政复议机关受理行政复议申请,不得向申请人收取任何费用。	第八十七条 行政复议机关受理行政复议申请,不得向申请人收取任何费用。

应用提示

本条沿袭了原《行政复议法》的相关规定,再次重申行政复议机关受理行政复议申请,不得向申请人收取任何费用,体现了行政复议为民便民的价值取向。行政复议工作所需要的经费应由财政予以保障。

第八十八条 【文书送达和期间计算】行政复议期间的计算和行政复议文书的送达,本法没有规定的,依照《中华人民共和国民事诉讼法》关于期间、送达的规定执行。

本法关于行政复议期间有关"三日"、"五日"、"七日"、"十日"的规定是指工作日,不含法定休假日。

2017 年行政复议法	2023 年行政复议法
第四十条　行政复议期间的计算和行政复议文书的送达,依照民事诉讼法关于期间、送达的规定执行。 　　本法关于行政复议期间有关"五日"、"七日"的规定是指工作日,不含节假日。	第八十八条　行政复议期间的计算和行政复议文书的送达,**本法没有规定的,**依照《**中华人民共和国**民事诉讼法》关于期间、送达的规定执行。 　　本法关于行政复议期间有关"**三日**"、"五日"、"七日"、"**十日**"的规定是指工作日,不含**法定休假日**。

▍应用提示 ●●●●●●●

本条是关于行政复议期间与送达的规定。

行政诉讼制度源自民事诉讼,行政复议与行政诉讼有着千丝万缕的联系。送达、期间等规定,法律的相关规定基本是一致的。

本条进一步明确,在行政复议中如有规定的,按照本法相关规定,如果没有规定的,则按照依照《民事诉讼法》关于期间、送达的规定执行。并且强调本法中有关"三日""五日""七日""十日"期间的规定,只包括工作日,不含法定休假日。二次审议稿中使用的是"节假日",最终稿中使用了"法定休假日"的概念,更为严谨。

第八十九条　【适用范围补充规定】外国人、无国籍人、外国组织在中华人民共和国境内申请行政复议,适用本法。

2017 年行政复议法	2023 年行政复议法
第四十一条　外国人、无国籍人、外国组织在中华人民共和国境内申请行政复议,适用本法。	第八十九条　外国人、无国籍人、外国组织在中华人民共和国境内申请行政复议,适用本法。

第四十二条 本法施行前公布的法律有关行政复议的规定与本法的规定不一致的,以本法的规定为准。	新法删了本条规定

应用提示 ●●●●●

本条明确了行政复议的申请人可以为外国人、无国籍人、外国组织,从而扩大了行政复议的适用范围,有利于化解涉外的行政争议,也体现了行政复议的制度优势。

第九十条 【生效日期】本法自 2024 年 1 月 1 日起施行。	
2017 年行政复议法	**2023 年行政复议法**
第四十三条 本法自 1999 年 10 月 1 日起施行。1990 年 12 月 24 日国务院发布、1994 年 10 月 9 日国务院修订发布的《行政复议条例》同时废止。	第九十条 本法自 2024 年 1 月 1 日起施行。

应用提示 ●●●●●

本条为施行条款,明确规定了修订后的《行政复议法》自 2024 年 1 月 1 日起正式施行。

1999 年 4 月 29 日,第九届全国人民代表大会常务委员会第九次会议通过了《行政复议法》,后根据 2009 年 8 月 27 日第十一届全国人民代表大会常务委员会第十次会议《关于修改部分法律的决定》作了第一次修正,又根据 2017 年 9 月 1 日第十二届全国人民代表大会常务委员会第二十九次会议《关于修改〈中华人民共和国法官法〉等八部法律的决定》作了第二次修正,2023 年 9 月 1 日第十四届全国人民代表大会常务委员会第五次会议进行了最新的、全面的、系统的修订将原来七章四十三条增订到七章九十条。

随着2023年《行政复议法》的最新修订与实施,行政复议制度更为完善,必将发挥行政复议公正高效、便民为民的制度优势,成为化解行政争议的主渠道,推进法治政府建设,维护公民、法人和其他组织的合法权益。

附录一　答复与批复

第一章　总　　则

1. 国务院法制办公室对《国务院关税税则委员会关于请明确反倾销行政复议中有关问题的函》的复函

（2003年3月4日　国法函〔2003〕18号）

国务院关税税则委员会：

《国务院关税税则委员会关于请明确反倾销行政复议中有关问题的函》（税委会〔2003〕6号）收悉。经研究，现函复如下：

一、在制定《中华人民共和国反倾销条例》过程中，我们曾考虑将反倾销税的征收决定机构改为财政部，但因有关方面有不同意见，该条例维持了《中华人民共和国反倾销和反补贴条例》确定的由国务院关税税则委员会行使反倾销税征收决定权的体制。

二、按照《中华人民共和国反倾销条例》的规定，国务院关税税则委员会根据外经贸部的建议作出是否征收反倾销税的决定以及追溯征收、退税、对新出口经营者征税的决定，根据外经贸部对复审案件提出的保留、修改或者取消反倾销税的建议作出相应决定。据此，有关征收反倾销税的决定，是国务院关税税则委员会依照法定职权作出的具体行政行为。

三、《中华人民共和国反倾销条例》第五十三条中规定，对依照该条例第四章作出的是否征收反倾销税的决定以及追溯征收、退税、对新出口经营者征税的决定不服的，对依照该条例第五章作出的复审决定不服的，可以依法申请行政复议。根据《中华人民共和国行政复议法》第十四条的规定，当事人对国务院关税税则委员会依照法定职权作出的有关征收反倾销税的决定不服提出的行政复议申请，由国务院关税税则委员会依法受理。

第二章 行政复议申请

第一节 行政复议范围

2. 司法部关于对罪犯劳动致伤残的补偿决定不服不能申请行政复议的批复

(2003年1月3日 司复〔2003〕1号)

重庆市司法局：

你局《关于对服刑人员劳动致伤残的补偿决定不服能否提起行政复议的请示》收悉。经研究，现答复如下：

监狱组织罪犯生产劳动，是依据《刑法》、《刑事诉讼法》和《监狱法》的有关规定进行的执法活动。罪犯不是职工，不属于《劳动法》调整的范畴。罪犯在劳动中致伤、致残或死亡，应当按照《监狱法》的有关规定及其配套规章处理。对处理不当的，监狱管理机关应依据有关法律法规，按照公正执法和维护稳定的原则，提出处理意见，责成监狱予以纠正。依照《复议法》第六条和《司法行政机关行政复议应诉工作规定》第七条的规定，监狱对罪犯在劳动中致伤、致残或死亡的补偿决定行为，不是司法行政机关行政复议范围。

此复。

3. 国务院法制办公室对国家计委《关于请明确〈价格违法行为行政处罚规定〉的法律效力及价格行政处罚适用复议前置程序问题的函》的复函

（2002年12月11日 国法函〔2002〕259号）

国家发展计划委员会：

你委《关于请明确〈价格违法行为行政处罚规定〉的法律效力及价格行政处罚适用复议前置程序问题的函》（计价检〔2002〕786号）收悉。经报国务院领导同意，现函复如下：

一、国务院办公厅1987年4月21日发布的《行政法规制定程序暂行条例》第十五条规定："经国务院常务会议审议通过或者经国务院总理审定的行政法规，由国务院发布，或者由国务院批准、国务院主管部门发布。"这一规定在《中华人民共和国立法法》于2000年7月1日施行前是有效的。据此，1999年7月10日经国务院批准、1999年8月1日由国家发展计划委员会令第1号发布的《价格违法行为行政处罚规定》，属于行政法规。根据《国务院办公厅关于开展现行行政法规清理工作的通知》（国办发〔2000〕5号）所附现行行政法规目录和国务院对行政法规进行清理的结果，《价格违法行为行政处罚规定》是现行有效的行政法规。

二、《中华人民共和国行政诉讼法》第三十七条第二款规定："法律、法规规定应当先向行政机关申请复议，对复议不服再向人民法院提起诉讼的，依照法律、法规的规定。"关于行政复议前置问题，应当依照上述规定执行。

第二节　行政复议参加人

4. 国务院法制办公室对内蒙古自治区人民政府法制办公室《关于王静南申请行政复议案有关法律适用问题的请示》的答复

（2004年5月24日　国法秘函〔2004〕119号）

内蒙古自治区人民政府法制办公室：

你办《关于王静南申请行政复议案有关法律适用问题的请示》（内政法发〔2004〕9号）收悉。经研究，现答复如下：

《中华人民共和国城市房地产管理法》第六十条第二款规定："在依法取得的房地产开发用地上建成房屋的，应当凭土地使用权证书向县级以上地方人民政府房产管理部门申请登记，由县级以上地方人民政府房产管理部门核实并颁发房屋所有权证书。"根据上述规定，县级以上地方人民政府房产管理部门是房屋所有权的登记发证机关。

5. 最高人民法院关于举报人对行政机关就举报事项作出的处理或者不作为行为不服是否具有行政复议申请人资格问题的答复

（2014年3月14日　〔2013〕行他字第14号）

辽宁省高级人民法院：

你院《关于李万珍等人是否具有复议申请人资格的请示报告》收悉，经研究答复如下：

根据《中华人民共和国行政复议法》第九条第一款、《行政复议法实施条例》第二十八条第（二）项规定，举报人为维护自身合法权益而举报相关违法行为人，要求行政机关查处，对行政机关就举报事项作出的处理或者不作为行为不服申请行政复议的，具有行政复议申请人资格。

此复。

6. 国务院法制办公室对原对外贸易经济合作部《关于如何确定以计划单列市为被申请人的行政复议案件的复议机关的请示》的复函

(2003年3月19日 国法函〔2003〕33号)

商务部：

原对外贸易经济合作部《关于如何确定以计划单列市为被申请人的行政复议案件的复议机关的请示》收悉。经商全国人大常委会法工委，现函复如下：

《中华人民共和国行政复议法》第十二条中规定："对县级以上地方各级人民政府工作部门的具体行政行为不服的，由申请人选择，可以向该部门的本级人民政府申请行政复议，也可以向上一级主管部门申请行政复议。"据此，不服计划单列市的人民政府工作部门的具体行政行为提出的行政复议申请，应当根据申请人的选择，由该计划单列市的人民政府或者由该计划单列市所在省的相应主管部门依法受理。

7. 最高人民法院关于对林业行政机关依法作出具体行政行为申请人民法院强制执行问题的复函

(2020年12月29日 法释〔2020〕21号)

林业部：

你部林函策字〔1993〕308号函收悉，经研究，同意你部所提意见，即：林业主管部门依法作出的具体行政行为，自然人、法人或者非法人组织在法定期限内既不起诉又不履行的，林业主管部门依据行政诉讼法第九十七条的规定可以申请人民法院强制执行，人民法院应予受理。

8. 国务院法制办公室对辽宁省人民政府法制办公室《关于杨云泽等行政复议案件有关问题的请示》的复函

(2004年12月14日　国法函〔2004〕351号)

辽宁省人民政府法制办公室：

你办《关于杨云泽等行政复议案件有关问题的请示》(辽政法〔2004〕8号)收悉。经研究并商最高人民法院同意，现函复如下：

地方人民政府未经有权机关批准设立开发区并自行组建开发区管理委员会及其所属部门的，公民、法人或者其他组织对该管理委员会及其所属部门的具体行政行为不服，可以设立该开发区管理委员会的地方人民政府为被申请人，依法向上一级人民政府提出行政复议申请。

9. 国务院法制办公室对国土资源部《关于请明确行政复议案件审查程序有关问题的函》的复函

(2003年7月8日　国法函〔2003〕203号)

国土资源部：

你部《关于请明确行政复议案件审查程序有关问题的函》(国土资函〔2003〕149号)收悉。经商最高人民法院同意，现函复如下：

因防治"非典型肺炎"疫情，致使行政复议机关无法正常开展调查核实证据工作，或者妨碍申请人、第三人依法行使行政复议参与权并且该当事人明确表示不放弃相应权利的，行政复议机关可以决定在疫情持续期间中止有关行政复议案件的审查，并通知申请人、被申请人和第三人。疫情解除后，应当立即恢复对有关行政复议案件的审查。

10. 国务院法制办公室对国家工商总局《关于中外合作经营企业的合作一方是否具备行政复议申请人资格的请示》的复函

(2001年12月28日 国法函〔2001〕282号)

国家工商总局：

你局《关于中外合作经营企业的合作一方是否具备行政复议申请人资格的请示》（工商法字〔2001〕第122号）收悉。经研究，函复如下：

中外合作经营企业的合作一方，认为中外合作经营企业合法权益受具体行政行为侵害的，可以依法以自己的名义申请行政复议。

第三节 申请的提出

11. 国务院法制办公室对《甘肃省人民政府法制办公室关于〈中华人民共和国行政复议法〉第九条有关问题的请示》的复函

(2004年8月12日 国法函〔2004〕296号)

甘肃省人民政府法制办公室：

你办《关于〈中华人民共和国行政复议法〉第九条有关问题的请示》（甘府法函字〔2004〕4号）收悉。经研究，并商全国人大常委会法工委和最高人民法院同意，现函复如下：

《中华人民共和国行政复议法》第九条规定："公民、法人或者其他组织认为具体行政行为侵犯其合法权益的，可以自知道该具体行政行为之日起60日内提出行政复议申请；但是法律规定的申请期限超过60日的除外。""因不可抗力或者其他正当理由耽误法定申请期限的，申请期限自障碍消除之日起继续计算。"该法第十七条第一款规定："行政复议机关收到行政复议申请后，应当在5日内进行审查，对不符合本法规定的行政复议申请，决定不予受理，并书面告知申请人；对符合本法规定，但是不属于本机关受理的行政复议申请,应当告知申请人向有关行政复议机关提出。"据此,由于作出具体行政行为的行政机关没有向申请人依法告知行政复议权利及行政复议机关名称,致使申请人在法定期限内向无权受理的行政机关提出行政复议申请,接到行政复议申请的机关又没有及时将该案移送,申请人申请行政复议期限因此被耽误的,属于行政复议法第九条规定的"其他正当理由"情形。

12. 国务院法制办公室《关于对内蒙古自治区人民政府法制办公室关于行政复议期限有关问题的请示》的复函

(2002 年 11 月 21 日　国法函〔2002〕258 号)

内蒙古自治区人民政府法制办公室:

你办 2002 年 11 月 12 日《关于行政复议期限有关问题的请示》(内政法发〔2002〕22 号)收悉。经研究,现函复如下:

行政复议机关审查行政复议申请,认为申请人提供的申请材料不齐,难以认定该申请是否符合法定受理条件的,可以要求申请人补正;行政复议机关作出行政复议决定的期限自收到补正申请材料之日起计算。

13. 国务院法制办公室对湖北省人民政府法制办公室《关于人民法院裁决应当"复议前置"当事人申请行政复议时已超过期限的复议申请是否受理的请示》的复函

(2003 年 9 月 11 日　国法函〔2003〕253 号)

湖北省人民政府法制办公室:

你办《关于人民法院裁决应当"复议前置"当事人申请行政复议时已超过期限的复议申请是否受理的请示》(鄂法制文〔2003〕12 号)收悉。经商全国人大常委会法工委同意,现函复如下:

一、公民、法人或者其他组织不服具体行政行为,在法定行政复议申请期限内向人民法院直接提起行政诉讼,人民法院依法裁判应当先申请行政复议、对行政复议决定不服再向人民法院提起行政诉讼,公民、法人或者其他组织申请行政复议时已经超过法定行政复议申请期限的,行政复议机关可以根据行政复议法第九条第二款规定处理,即:公民、法人或者其他组织提起行政诉讼到人民法院生效裁判送达之日的时间,不计入法定行政复议申请期限。

二、除前述情形外,公民、法人或者其他组织申请行政复议时超过法定申请期限,又没有正当理由的,行政复议机关依法不予受理。

第四节 行政复议管辖

14. 国务院法制办公室关于对海南省法制办公室《关于行政复议管辖权限有关问题的请示》的复函

(2002年10月11日 国法函〔2002〕246号)

海南省法制办公室:

你办《关于行政复议管辖权限有关问题的请示》(琼府法〔2002〕17号)收悉。经研究,现函复如下:

公民、法人或者其他组织对省级人民政府设立的派出机关所属工作部门作出的具体行政行为不服,由当事人选择,可以向该派出机关申请行政复议,也可以向该省级人民政府所属的相应主管部门申请行政复议。

15. 国务院法制办公室对建设部办公厅《关于上级房屋拆迁管理部门对下一级房屋拆迁管理部门作出的拆迁裁决是否具有行政复议管辖权的请示》的复函

(2003年7月16日 国法秘函〔2003〕148号)

建设部办公厅:

你厅《关于上级房屋拆迁管理部门对下一级房屋拆迁管理部门作出

的拆迁裁决是否具有行政复议管辖权的请示》(建办法函〔2002〕549号)收悉。经研究,并商最高人民法院行政审判庭同意,现函复如下：

公民、法人或者其他组织对行政机关依照《城市房屋拆迁管理条例》的规定作出的有关房屋拆迁、补偿、安置等问题的裁决不服,应当依法通过行政复议或者行政诉讼程序解决。

16. 国务院法制办关于国务院部委管理的国家局的具体行政行为行政复议机关问题的复函

(2001年10月24日　国法函〔2001〕245号)

国土资源部：

你部2001年6月14日《关于请明确对部管国家局的行政复议申请受理机关的函》(国土资函〔2001〕282号)收悉。经研究并征求全国人大常委会法工委的意见,现答复如下：

关于国务院部委管理的国家局的具体行政行为行政复议机关问题,按照《中华人民共和国行政复议法》第十四条的规定办理,即对部委管理的国家局的具体行政行为不服提起的行政复议申请,应当由该国家局受理。

第三章　行政复议受理

17. 国务院法制办公室关于不服行政机关根据上级行政机关认定审批行为作出的具体行政行为申请行政复议有关问题的复函

(2003年6月18日　国法函〔2003〕193号)

国家工商行政管理总局：

关于不服行政机关根据上级行政机关认定审批行为作出的具体行政行为提出的行政复议申请应当由谁受理的问题,你局来函(工商法函字

〔2002〕第163号)提出:"为体现行政复议的公正和层级监督的意义,如当事人直接向审批机关的上一级机关提出,该上一级机关可以受理。"对此,我们没有不同意见。

第四章 行政复议决定

18. 最高人民法院赔偿委员会关于复议机关未尽告知义务致使赔偿请求人申请逾期,人民法院应当承担国家赔偿责任的答复

(2001年9月4日 赔他字〔2001〕第8号)

辽宁省高级人民法院:

你院2001年6月11日〔2001〕辽法委赔疑字第4号《关于贾德群等四人申请辽中县人民检察院错误逮捕赔偿如何适用赔偿法第二十二条及第三十二条的请示》收悉。经研究,答复如下:

同意你院请示报告中的第二种意见。《国家赔偿法》第二十二条第二款的规定,是法律赋予当事人的一种选择权,体现方便当事人和有利于及时赔偿的原则,而不是对当事人设定的义务或者对当事人权利的一种限制。复议机关受理案件后,逾期不作决定,也未告知赔偿请求人逾期可以向复议机关所在地的同级人民法院赔偿委员会申请作出赔偿决定的诉权,造成赔偿请求人逾期申请赔偿的过错在复议机关,不能因为复议机关的过错而剥夺赔偿请求人的诉权。根据《国家赔偿法》第三十二条的规定,赔偿请求人请求国家赔偿的时效为2年,赔偿请求人逾期后在法定时效2年内向人民法院赔偿委员会申请作出决定的,人民法院赔偿委员会应当受理。

此复。

19. 最高人民法院关于复议机关是否有权改变复议决定请示的答复

(2004年4月5日 〔2004〕行他字第5号)

贵州省高级人民法院：

你院〔2004〕黔高行终字第02号《关于吴睿韡诉贵阳市人民政府撤销复议决定一案适用法律的请示》收悉。经研究认为：行政复议机关认为自己作出的已经发生法律效力的复议决定有错误，有权自行改变。因行政机关改变或者撤销其原行政行为给当事人造成损害的，行政机关应该承担相应的责任。

此复。

20. 最高人民法院关于行政复议机关受理行政复议申请后，发现复议申请不属于行政复议法规定的复议范围，复议机关作出终止行政复议决定的，人民法院如何处理的答复

(2005年6月3日 〔2005〕行他字第11号)

北京市高级人民法院：

你院京高法〔2005〕102号《关于国务院法制办公室对北京市人民政府法制办公室〈关于终止审理余国玉复议案件的请示的复函〉有关问题的请示》收悉。经研究，原则同意你院倾向性意见，即行政复议机关受理行政复议申请后，发现该行政复议申请不符合法定的行政复议范围，作出终止行政复议决定。当事人不服，向人民法院提起诉讼，人民法院经审查认为，该复议申请不属于行政复议范围的，可以依法驳回其诉讼请求。

21. 国务院法制办公室对辽宁省人民政府法制办公室《关于刘璐行政复议案件有关问题的请示》的复函

（2003年9月27日　国法秘函〔2003〕216号）

辽宁省人民政府法制办公室：

你办2003年8月25日《关于刘璐行政复议案件有关问题的请示》收悉。函复如下：

依照教育法第四十二条第（四）项的规定，对学校给予的处分不服向有关部门提出申诉是受教育者享有的权利。因此，作为高等学校学籍管理的归口部门，辽宁省教育厅应当受理刘璐同学的申诉。辽宁省教育厅于2003年2月受理后至今未对该申诉作出书面答复，属于行政复议法规定的有关行政不作为的情形。依照行政复议法第六条第（九）项的规定，刘璐同学有权以辽宁省教育厅怠于行使职权向辽宁省政府申请复议。

22. 全国人民代表大会常务委员会法制工作委员会关于行政复议机关能否加重对申请人处罚问题的答复意见

（2001年9月6日　法工委复字〔2001〕21号）

国家环境保护总局：

你局2001年6月14日来函（环函〔2001〕121号）收悉，现答复如下：

同意国家环境保护总局的意见。

行政复议机关在对被申请人作出的行政处罚决定或者其他具体行政行为进行复议时，作出的行政复议决定不得对该行政处罚或者该具体行政行为增加处罚种类或加重对申请人的处罚。

23. 最高人民法院行政审判庭关于谭永智不服甘肃省人民政府房产登记行政复议决定请示案的答复

(2011年7月12日 〔2011〕行他字第26号)

甘肃省高级人民法院：

你院《关于谭永智不服甘肃省人民政府房产登记行政复议决定一案的请示报告》收悉，经研究答复如下：

1. 根据《行政复议法》第十二条的规定，对县级以上地方各级人民政府工作部门的具体行政行为不服的，申请人既可以向该部门的本级人民政府申请行政复议，也可以向上一级主管部门申请行政复议。上级行政机关认为行政复议机关无正当理由不依法受理复议申请的，可以依据《中华人民共和国行政复议法》第二十条和《中华人民共和国行政复议法实施条例》第三十一条的规定，先行督促行政复议机关受理；经督促仍不受理的，应当责令行政复议机关限期受理，必要时上级行政机关也可以直接受理。

2. 公司的法定代表人应以在公司登记机关登记备案为准。经股东大会或者董事会任命的董事长虽未依法办理法定代表人登记手续，但在全体股东对股东大会或者董事会决议的合法性无异议的情况下，可以代表公司申请行政复议或提起诉讼。如其后的股东大会、董事会已经通过新的决议否定了对原董事长的任命，则原董事长无权代表公司申请复议或诉讼。公司股东对行政复议机关或人民法院受理原董事长的复议申请或起诉提出异议后，行政复议机关或人民法院不应作出实体裁判，而应中止案件审理，要求相关当事人先行依法解决公司决议纠纷，明确公司代表权。

附录二　典型案例索引

【典型案例】某公司不服某邮政管理部门行政处罚案(司法部行政复议司发布)(第五条)

【典型案例】杨某诉成都市人民政府其他行政纠纷案(最高人民法院公报案例)(第十一条)

【典型案例】甲村乙社不服丙区政府土地纠纷处理决定案(司法部行政复议司发布)(第十六条)

【典型案例】某公司不服某省人民政府信息公开答复申请裁决案(司法部行政复议司发布)(第二十三条)

【典型案例】黄某等人不服金华市工商行政管理局工商登记行政复议案(最高人民法院公报案例)(第三十条)

【典型案例】朱某某诉亳州市政府不履行复议职责案[安徽省高级人民法院(2022)皖行终470号行政判决书](第三十一条)

【典型案例】彭某某诉江西省乐平市人民政府不履行行政复议法定职责案[最高人民法院(2019)最高法行申14387号行政裁定书](第三十四条)

【典型案例】某贸易公司不服某海关估价及征税行为案(司法部行政复议司发布)(第四十四条)

【典型案例】郭某某不服某乡人民政府限期拆除通知书申请行政复议案(宁夏回族自治区司法厅公布)(第四十四条)

【典型案例】李某春、李某贵不服某乡人民政府土地行政确权申请行政复议案(宁夏回族自治区司法厅公布)(第四十五条)

【典型案例】刘某不服某市司法局作出的投诉答复案(司法部行政复议司发布)(第四十八条)

【典型案例】殷某某不服某市为第三人颁发《水域滩涂养殖使用证》

案(第四十九条)

【典型案例】黄某某等人不服某垦区公安局行政处罚决定行政复议案(新疆生产建设兵团司法局公布)(第六十三条)

【典型案例】张某诉徐州市人民政府房屋登记行政复议决定案(最高人民法院公报案例)(第六十四条)

【典型案例】某建设集团有限责任公司不服某区人力资源和社会保障局劳动保障监察行政处理决定申请行政复议案(宁夏回族自治区司法厅公布)(第七十三条)

【典型案例】王某不服社会保险基金不予先行支付案(司法部行政复议司发布)(第七十四条)

附录三　行政复议相关文书

行政复议文书一

行政复议申请书

　　申请人(公民):姓名、性别、年龄、职业、住所、身份证号码、邮政编码、联系电话

　　申请人(法人或者其他组织):名称、法定代表人(或者负责人)、职务、地址、联系电话

　　委托代理人:姓名、职业、律师证号、住所、联系电话

　　被申请人:名称、法定代表人(或者负责人)、职务、地址、联系电话

　　第三人(公民):姓名、性别、年龄、职业、住所、邮政编码、联系电话

　　第三人(法人或者其他组织):名称、法定代表人(或者负责人)、职务、地址、联系电话

　　行政复议请求:

　　事实和理由:

　　此致

　　(行政复议机关名称)

申请人:(签名或者盖章)

_____年___月___日

　　附件:1.申请书副本____份;
　　　　2.其他有关材料____份。

　　(注:1.外国人或者无国籍人申请行政复议的参照本文书格式,并注明国籍和无国籍情况;2.外国法人或其他组织申请行政复议的参照本文书格式,并注明注册登记地。)

行政复议文书二

行政复议申请书附件目录

1. 申请书副本____份
2. 其他有关材料____份（证据材料清单）

证据材料清单

序号	证据材料名称	证据来源	证据种类	证明对象或内容	页码	备注

提交人：（签字或者盖章）

_____年____月____日

行政复议文书三

行政复议申请书(含一并审查/行政赔偿请求)

申请人(具体项目同行政复议文书一格式)：
被申请人(具体项目同行政复议文书一格式)：
行政复议请求：
1. 主请求：如请求变更/撤销×××决定；请求确认××决定违法/无效等；
2. 一并审查请求：如请求对××决定所依据的《×××》(该规范性文件的具体名称)进行审查；
3. 行政赔偿请求：如请求给予申请人补偿款××元/赔偿申请人××元/返还财产×××；
4. 其他请求：如责令被申请人采取补救措施×××。
事实和理由(略)：
此致
(行政复议机关名称)

申请人：(签名或者盖章)
_____年___月___日

行政复议文书四

法定代表人(主要负责人)身份证明书

(法定代表人姓名或者主要负责人姓名)在我单位任＿＿＿＿＿职务,系我单位的法定代表人(主要负责人)。

特此证明。

(所在单位盖章)
＿＿＿年＿＿月＿＿日

附:法定代表人(或者主要负责人)联系方式及住所＿＿＿＿＿
(注:其他组织主要负责人的身份证明书同此)

行政复议文书五

行政复议授权委托书

(适用公民)

委托人:姓名　　　　　性别　　　　　年龄
　　　　职业　　　　　　住所
　　　　邮政编码　　　　联系电话
委托代理人:姓名　　　　性别　　　　　年龄
　　　　　　职业　　　　　住所
　　　　　　身份证号码　　律师证号码
　　　　　　邮政编码　　　联系电话

本人因不服(被申请人的具体行政行为),向(行政复议机关名称)提出行政复议申请一案中,现委托(委托代理人姓名)作为我参加行政复议的代理人。

委托期限:

代理权限如下:

　　　　　　　　　　　　　　委托人签字:_____
　　　　　　　　　　　　　　受委托人签字:_____
　　　　　　　　　　　　　　_____年___月___日

附:委托人身份证明复印件
受托人身份证明复印件(受托人为律师的还应提交律师执业执照和所在律师事务所出具的委托函)

行政复议文书六

行政复议授权委托书

(适用法人或者其他组织)

委托人:名称
法定代表人(或负责人):
  职务   地址   联系电话
委托代理人:姓名 性别   年龄
    职业   住所
    身份证号码 律师证号码
    邮政编码 联系电话

我单位不服(被申请人的具体行政行为),向(行政复议机关名称)提出行政复议申请一案中,现委托(委托代理人姓名)作为我参加行政复议的代理人。

委托期限:

代理权限如下:

(委托单位公章)
委托单位法定代表人(或者主要负责人)签字:_____
受委托人签字:_____
_____年____月____日

附:委托人(法定代表人或者主要负责人)身份证明复印件

受托人身份证明复印件(受托人为律师的还应提交律师执业执照和所在律师事务所出具的委托函)

行政复议文书七

（行政复议机关全称）
行政复议申请收件清单

行政复议申请收件清单				
提交人			提交日期	
收件清单					
经办人		复议机关 （收件专用印章）		（提交人签字 捺手印）
第一联　存根				

行政复议申请收件清单				
提交人			提交日期	
收件清单					
经办人		复议机关 （收件专用印章）		（提交人签字 捺手印）
第二联　收据				

行政复议文书八

（行政复议机关全称）
<center>行政复议申请补正通知书</center>

×××行复补字[＿＿＿]＿号

申请人：

　　你(们或者单位)不服(被申请人名称)＿＿＿＿年＿＿月＿＿日作出的(具体行政行为名称)，于＿＿＿＿年＿＿月＿＿日向本机关提出行政复议申请。经审查，该行政复议申请需要补正以下材料：

　　(应注明需补正的材料要求，具体哪些材料不齐全等)。

　　请你(们或者单位)接到本通知书后十日内，向本机关提供补正材料。无正当理由逾期不补正的，视为申请人放弃行政复议申请。补正申请材料所用时间不计入行政复议审理期限。

　　特此通知。

（盖行政复议机关章或者行政复议专用章）
＿＿＿＿年＿＿月＿＿日

行政复议文书九

(行政复议机关全称)
行政复议受理通知书

×××行复受字[＿＿＿]＿号

申请人：
　　你(们或者单位)不服(被申请人作出的具体行政行为名称)提出的行政复议申请收悉。经审查,该申请符合《中华人民共和国行政复议法》第三十条的规定,本机关决定予以受理,受理日期为＿＿＿＿年＿＿＿月＿＿＿日。

　　　　　　　　　(盖行政复议机关章或者行政复议专用章)
　　　　　　　　　　　＿＿＿＿年＿＿＿月＿＿＿日

　　(注:受理日期应为收到行政复议申请日期,经补正的案件受理日期应为收到补正材料后的行政复议申请的日期。)

行政复议文书十

（行政复议机关全称）
提出行政复议答复通知书

×××行复受字[＿＿]＿号

被申请人：

　　申请人＿＿＿＿不服你机关作出的（具体行政行为名称）向本机关提出行政复议申请，现依法已予受理。受理日期为＿＿＿年＿＿月＿＿日。依照《中华人民共和国行政复议法》第四十八条的规定，现送达该行政复议申请书副本，请你机关自收到申请书副本之日起十日内，对该行政复议申请提出书面答复，并提交当初作出该具体行政行为的证据、依据和其他有关材料。依照《行政复议法》第七十条的规定，逾期未提交书面答复，未提交当初作出具体行政行为的证据、依据和其他有关材料的，视为该具体行政行为无证据、依据，本机关将依法予以撤销。

　　特此通知。

　　附：行政复议申请书副本一份及相关材料

（盖行政复议机关章或者行政议专用章）
　　　　　年＿＿月＿＿日

行政复议文书十一

（行政复议机关全称）
第三人参加行政复议通知书

×××行复受字[＿＿＿]＿号

第三人：

  （申请人）不服（被申请人）作出的（具体行政行为名称）提出行政复议申请，现本机关依法已予受理。受理日期为＿＿＿＿年＿＿＿月＿＿＿日。依照《中华人民共和国行政复议法》第十六条的规定，你（们或者单位）可以自收到申请书副本之日起五日内，向本机关提出申请，作为第三人参加行政复议。

  特此通知。

（盖行政复议机关章或者行政复议专用章）
＿＿＿＿年＿＿＿月＿＿＿日

行政复议文书十二

(行政复议机关全称)
行政复议不予受理决定书

×××行复不字[＿＿＿]＿号

申请人(公民):姓名　　　　性别　　　　年龄
　　　　　　　职业　　　　　住所
　　　　　　　身份证号码　　邮政编码
　　　　　　　联系电话
申请人(法人或者其他组织):名称
法定代表人(或者负责人):
　　职务　　　　　　　地址　　　　　联系电话
委托代理人:姓名　　　　职业
　　　　　　律师证号　　住所　　　　　联系电话
被申请人:名称　　　　　法定代表人
　　　　　职务　　　　　地址　　　　　联系电话
第三人(公民):姓名　　　性别　　　　年龄
　　　　　　　职业　　　住所
　　　　　　　邮政编码　联系电话
第三人(法人或者其他组织):名称
法定代表人(或者负责人):
　　职务　　　　　　　地址　　　　　联系电话

申请人对被申请人的(具体行政行为名称)不服,于＿＿＿＿年＿＿＿月＿＿＿日向本机关提出行政复议申请,经审查,本机关认为:(不予受理的理由)。

根据《中华人民共和国行政复议法》第三十条和第＿＿＿条的规定,决定不予受理。(法律、法规规定应当先向行政复议机关申请行政复议,对行政复议不服再向人民法院提起行政诉讼的,写明:不服本决定,可以根据《中华人民共和国行政复议法》第三十四条的规定自收到本决定书之日起十五日内依法向_____人民法院提起行政诉讼。对不属于本机关管辖的,还应当在不予受理决定书中告知申请人有管辖权的行政复议机关。)

(盖行政复议机关章或者行政复议专用章)
_____年____月____日

行政复议文书十三

（行政复议机关全称）
行政复议告知书

×××行复告字[＿＿＿]＿号

申请人：

你(们或者单位)对＿＿＿＿年＿＿月＿＿日(被申请人作出的具体行政行为)不服提出的行政复议申请,依法应当向(行政复议机关名称)提出。

接到本告知书后请按照《中华人民共和国行政复议法》第二十条、第二十一条规定的行政复议申请期限,向(行政复议机关名称)申请行政复议(自提出行政复议申请之日起至收到本告知书之日止的时间,不计入法定申请期限)。

特此告知。

（盖行政复议机关章或者行政复议专用章）
＿＿＿＿年＿＿月＿＿日

行政复议文书十四

(转送机关全称)
行政复议申请转送函

×××行复转字[＿＿＿]＿号

被转送的复议机关：

（申请人）不服（被申请人的具体行政行为名称），依法应当向你机关提出。申请人于＿＿＿＿年＿＿＿月＿＿＿日向我机关提出了行政复议申请，现按照《中华人民共和国行政复议法》第三十条的规定，将该行政复议申请转送你机关（自申请人向我机关提出行政复议申请之日起至你机关收到本转送函之日止的时间，不计入法定申请期限）。

特此告知。

（转送机关盖章）
＿＿＿＿年＿＿＿月＿＿＿日

抄送：（申请人）

行政复议文书十五

行政复议回避申请书

行政复议机关名称：

  你机关受理的(行政复议案件受理字号)的案件,因(申请回避的理由),所以该案的承办人与该案有利害关系,依照《××省行政复议条例》第三十条的规定,特申请其回避该案件的审理活动。

  此致

  (行政复议机关名称)

申请人:(签字或者盖章)
_____年___月___日

行政复议文书十六

（行政复议机关全称）
行政复议回避申请决定书

×××行复避字［＿＿＿］＿号

申请人：
　　你（们或者单位）要求本机关行政复议人员×××的回避申请收悉。经审查，本机关认为：由于（行政复议机关查明回避申请的情况），所以×××（不）具有法律规定的应当回避的情形，现根据《××省行政复议条例》第三十条的规定，（不）同意你（们／单位）的回避申请，决定×××（不）回避。

　　　　　　　　（盖行政复议机关章或者行政复议专用章）
　　　　　　　　　　＿＿＿＿＿年＿＿＿月＿＿＿日

行政复议文书十七

（被申请人全称）
行政复议答复书

  答复人：名称　　　　　　法定代表人
      职务　　　　　　地址　　　　　　联系电话
  因（申请人）不服本机关＿＿＿＿年＿＿月＿＿日作出（具体行政行为名称）＿＿＿＿＿提起行政复议的行政复议答复通知书（＿＿＿＿＿受字[＿＿＿]＿号）收悉，现答复如下：
  （答复内容应包括当初作出行政行为的事实依据、法律和政策依据、履行的法定程序、作出具体行政行为的证据材料等）
  此致
  （行政复议机关名称）

            答复人：（被申请人盖章）
             ＿＿＿＿年＿＿月＿＿日

  附：1. 答复书副本＿＿份；
    2. 证据目录清单；
    3. 有关材料和证据、依据＿＿份。

行政复议文书十八

第三人参加行政复议申请书

  第三人(公民):姓名   性别   年龄
         职业   住所
         邮政编码 联系电话
  第三人(法人或者其他组织):名称
  法定代表人(或者负责人):
  职务   地址   联系电话
  委托代理人:姓名   职业
      律师证号   住所   联系电话
  申请参加行政复议的事实和理由:
  此致
  (行政复议机关名称)

            申请人(签名或者捺手印、盖章)
              _____年____月____日

  附件:1. 参加行政复议申请书副本____份;
     2. 其他有关材料____份。

行政复议文书十九

规范性文件审查申请书

申请人(公民):姓名　　　　性别　　　　　　年龄
　　　　　　　职业　　　　住所
　　　　　　　身份证号码　　邮政编码
　　　　　　　联系电话
申请人(法人或者其他组织):名称
法定代表人(或者负责人):
职务　　　　　　　地址　　　　　　联系电话
委托代理人:姓名　　　　职业
　　　　　　律师证号　　住所　　　　　　联系电话
复议申请书提交日期:
规范性文件名称:
审查要求:

依据理由:

此致
(行政复议机关名称)

　　　　　　　　　　　　　申请人:(签名或者捺手印、盖章)
　　　　　　　　　　　　　　　＿＿＿年＿＿月＿＿日

附件:申请书副本＿＿份。

行政复议文书二十

(行政复议机关全称)
规范性文件审查转送函(一)

×××行复规审转字[＿＿＿]＿号

接受转送机关名称：

(申请人)不服(被申请人的具体行政行为名称)提出行政复议申请时,一并提出对(规范性文件名称)的审查申请。

根据《中华人民共和国行政复议法》第五十六、五十八、五十九、六十条和其他有关规定,现将有关材料转去,请予审查处理,并请在六十日内予以回复。

(盖行政复议机关章或者行政复议专用章)
＿＿＿＿年＿＿月＿＿日

附件:1.行政复议申请书(或者口头申请笔录);
    2.被申请人作出具体行政行为的法律文书;
    3.规范性文件副本;
    4.认为规范性文件不合法的主要理由。

行政复议文书二十一

(行政复议机关全称)
规范性文件审查转送函(二)

×××行复规审转字[＿＿＿]＿号

接受转送机关：
　　(申请人)不服(被申请人的具体行政行为名称)提出的行政复议申请，本机关依法已予受理。经审查本机关认为作出具体行政行为的依据＿＿＿＿(规范性文件名称)不合法，根据《中华人民共和国行政复议法》第五十七、五十八、五十九、六十条和其他有关规定，现将有关材料转去，请予审查处理，并请在六十日内予以回复。

(盖行政复议机关章或者行政复议专用章)
＿＿＿＿年＿＿月＿＿日

　　附件：1. 行政复议申请书(或者口头申请笔录)；
　　　　2. 被申请人作出具体行政行为的法律文书；
　　　　3. 规范性文件副本；
　　　　4. 认为规范性文件不合法的主要理由。

行政复议文书二十二

停止执行具体行政行为申请书

申请人(公民):姓名　　　　性别　　　　　　年龄
　　　　　　　职业　　　　住所
　　　　　　　身份证号码　邮政编码　　　　联系电话
申请人(法人或者其他组织):名称
法定代表人(或者负责人):
职务　　　　　　　　　　地址　　　　　　联系电话
委托代理人:姓名　　　　　职业
　　　　　　律师证号　　　住所　　　　　　联系电话
被申请人:名称　　　　　　法定代表人
　　　　　职务　　　　　　地址　　　　　　联系电话

申请停止具体行政行为的请求和理由:

此致
(行政复议机关名称)

　　　　　　　　　　　　　　　　申请人:(签名或者盖章)
　　　　　　　　　　　　　　　　_____年___月___日
附件:申请书副本____份。

行政复议文书二十三

(行政复议机关全称)
停止执行具体行政行为通知书

×××行复停字[____]__号

被申请人：

　　(申请人)不服你机关作出的(具体行政行为名称及文号)提出的行政复议申请，本机关依法已予受理。经审查，本机关认为：(需要停止执行的事由)。根据《中华人民共和国行政复议法》第四十二条的规定，决定自_____年____月____日起至作出行政复议决定之日前，停止该具体行政行为的执行。

　　特此通知。

(盖行政复议机关章或者行政复议专用章)
_____年____月____日

抄送：(申请人、第三人)

行政复议文书二十四

(行政复议机关全称)
责令受理通知书

×××行复责受字[＿＿]＿号

被责令受理的机关名称：

（申请人）不服（被申请人的具体行政行为名称），于＿＿＿＿年＿＿月＿＿日向你机关提出行政复议申请，你机关于＿＿＿＿年＿＿月＿＿日作出不予受理的决定。经审查，本机关认为该申请符合《中华人民共和国行政复议法》的规定，依法应当予以受理。根据《中华人民共和国行政复议法》第三十条及第三十五条的规定，请你机关自收到本通知之日起受理该行政复议申请。

特此通知。

(盖行政复议机关章或者行政复议专用章)
＿＿＿＿年＿＿月＿＿日

抄送：（申请人）

行政复议文书二十五

（行政复议机关全称）
调 卷 函

×××行复调卷字[＿＿＿]＿号

被调卷单位名称：

　　　＿＿＿＿为调查＿＿＿＿＿＿行政复议案，核实案情，依照《中华人民共和国行政复议法》第四十五条及《××省行政复议条例》第××条的规定，请你单位协助提供下列证明材料：

1.＿＿＿＿＿＿＿＿＿＿＿＿＿＿＿＿＿＿＿＿＿＿＿＿＿＿＿＿
2.＿＿＿＿＿＿＿＿＿＿＿＿＿＿＿＿＿＿＿＿＿＿＿＿＿＿＿＿
3.＿＿＿＿＿＿＿＿＿＿＿＿＿＿＿＿＿＿＿＿＿＿＿＿＿＿＿＿

（盖行政复议机关章或者行政复议专用章）
　　　＿＿＿＿年＿＿月＿＿日

行政复议文书二十六

(行政复议机关全称)
行政复议委托调查函

×××行复委调字[＿＿＿]＿号

被委托调查单位名称：

　　本机关在审查(行政复议案件名称)中，因(委托调查的理由)特委托你单位调查以下内容：

　　请将上述调查情况于＿＿＿＿年＿＿月＿＿日前交我机关。

(盖行政复议机关章或者行政复议专用章)
＿＿＿＿年＿＿月＿＿日

行政复议文书二十七

行政复议案件调查笔录

第　　页　共　　页

时间：

地点：

调查人：

被调查人：

案由：

调查情况：

经被调查人确认，以上情况属实。

（被调查人逐页签字捺手印）

行政复议文书二十八

行政复议案件委托鉴定申请书

申请人(公民):姓名　　　　性别　　　　　　年龄
　　　　　　职业　　　　住所
　　　　　　身份证号码　　邮政编码
　　　　　　联系电话
申请人(法人或者其他组织):名称
法定代表人(或者负责人):
职务　　　　　　　　地址　　　　　　联系电话
委托代理人:姓名　　　　职业
　　　　　　律师证号　　住所　　　　　　联系电话
申请鉴定事项:

申请鉴定的理由:

此致
(行政复议机关名称)

　　　　　　　　　　　　　　申请人:(签字或者盖章)
　　　　　　　　　　　　　　＿＿＿年＿＿月＿＿日

行政复议文书二十九

(行政复议机关全称)

行政复议委托鉴定书

×××行复委鉴字[＿＿＿]＿号

受委托鉴定机构名称：

  我机关受理的(行政复议案件名称)一案,涉及(鉴定内容),按照《中华人民共和国行政复议法实施条例》第三十七条的规定,特委托你单位对此进行鉴定。

  委托鉴定事项：

  请按规定期限将上述鉴定结论告知我机关。

(盖行政复议机关章或者行政复议专用章)
＿＿＿＿＿年＿＿月＿＿日

行政复议文书三十

(行政复议机关全称)
行政复议听证通知书(一)

×××行复听字〔＿＿＿〕＿号

申请人、被申请人、第三人：

　　(申请人)不服被申请人作出的(具体行政行为名称)向本机关提起行政复议申请时一并申请对该案进行听证，依照《中华人民共和国行政复议法》第五十条、五十一条的规定，经本机关研究决定于＿＿＿＿年＿＿月＿＿日＿＿午＿＿时＿＿分在＿＿＿＿＿＿举行听证会，请你(们或者单位)携带有关证据材料准时参加。申请人、第三人委托代理人代为参加的，应当提交授权委托书，并明确委托事项和权限。

　　根据《中华人民共和国行政复议法》及《××省行政复议听证规定》的有关规定，被申请人就申请复议的具体行政行为负有举证义务，申请人、被申请人、第三人享有陈述、辩论、举证、质证、核对行政复议听证笔录以及申请听证人员、记录人员、翻译人员、勘验人员、鉴定人员回避的权利，申请人、第三人可委托代理人参加行政复议听证活动。同时，申请人、被申请人、第三人应当按时到达指定地点参加行政复议听证会，遵守听证会纪律，如实回答行政复议听证人员和其他参加人的问题，如实陈述行政复议案件事实，出具的相关证据、依据和有关材料必须客观真实。

　　特此通知。

　　听证会主持人：
　　听证员：
　　听证员：
　　记录员：

(盖行政复议机关章或者行政复议专用章)
＿＿＿＿年＿＿月＿＿日

行政复议文书三十一

(行政复议机关全称)
行政复议听证通知书(二)

×××行复听字[＿＿＿]＿号

申请人、被申请人、第三人：

(申请人)不服被申请人作出的(具体行政行为名称)申请复议一案，本机关依照《中华人民共和国行政复议法》第五十、五十一条的规定，决定于＿＿＿年＿＿月＿＿日＿＿午＿＿时＿＿分在＿＿＿＿＿＿举行听证会，请你(们或者单位)携带有关证据材料准时参加。申请人、第三人委托代理人代为参加的，应当提交授权委托书。

根据《中华人民共和国行政复议法》及《××省行政复议听证规定》的有关规定，被申请人就申请复议的具体行政行为负有举证义务，申请人、被申请人、第三人享有陈述、辩论、举证、质证、核对行政复议听证笔录以及申请听证人员、记录人员、翻译人员、勘验人员、鉴定人员回避的权利，申请人、第三人可委托代理人参加行政复议听证活动。同时，申请人、被申请人、第三人应当按时到达指定地点参加行政复议听证会，遵守听证会纪律，如实回答行政复议听证人员和其他参加人的问题，如实陈述行政复议案件事实，出具的相关证据、依据和有关材料必须客观真实。

听证会主持人：
听证员：
听证员：
记录员：

(盖行政复议机关章或者行政复议专用章)
＿＿＿＿年＿＿月＿＿日

行政复议文书三十二

(行政复议机关全称)
行政复议听证笔录

第　　页共　　页

案件名称：
时间：＿＿＿年＿＿月＿＿日＿＿时＿＿分至＿＿＿年＿＿月＿＿日＿＿时＿＿分
地点：
听证人员：
主持人：　　　　　　　　记录人：
听证参加人：
核实参加听证人员身份：
审查行政复议听证代理人的代理权限：
宣读听证会纪律：
告知听证参加人的权利和义务：
询问听证参加人是否申请回避：
宣布行政复议听证开始：
申请人陈述行政复议请求及其事由：

被申请人陈述作出具体行政行为的程序、证据、依据或不作为的证据、依据：

第三人陈述意见及理由：

听证主持人归纳争议焦点：
被申请人举证：
申请人质证：
第三人质证：
申请人举证：

被申请人质证：

第三人质证：

第三人举证：

被申请人质证：

申请人质证：

听证主持人就案件争议的焦点问题进行询问：

经听证人员同意,行政复议当事人可进行交叉询问：

听证人员可组织行政复议当事人进行辩论：

听证主持人小结：

听证主持人组织行政复议当事人进行调解：

申请人最后陈述：

被申请人最后陈述：

第三人人最后陈述：

主持人总结并宣布听证结束：

听证参加人签字或者捺手印：

行政复议文书三十三

申请行政复议案件延期审理报告

行政复议机关名称：

　　（申请人）不服被申请人（作出的具体行政行为名称）申请行政复议一案，本机关于＿＿＿＿年＿＿月＿＿日依法受理。因该案（延期原因）不能在期限内作出行政复议决定，根据《中华人民共和国行政复议法》第六十二条的规定，申请延期三十日审理。

　　当否，请批示。

（盖行政复议机关章或者行政复议专用章）
＿＿＿＿年＿＿月＿＿日

行政复议文书三十四

(行政复议机关全称)
行政复议案件延期审理通知书

×××行复延字[＿＿＿]＿号

被申请人、申请人、第三人：

　　(申请人)不服被申请人(作出的具体行政行为名称)＿＿＿提出的行政复议申请，本机关已于＿＿＿＿年＿＿月＿＿日依法受理。现因本案情况复杂，不能在六十日内作出行政复议决定。依照《中华人民共和国行政复议法》第六十二条的规定，行政复议决定延期至＿＿＿＿年＿＿月＿＿日前作出。

　　特此通知。

　　　　　　　　　　　(盖行政复议机关章或者行政复议专用章)
　　　　　　　　　　　＿＿＿＿年＿＿月＿＿日

行政复议文书三十五

(行政复议机关全称)
行政复议案件中止审理通知书

×××行复中字[____]__号

被申请人、申请人、第三人：

你(们或者单位)不服(被申请人的具体行政行为名称)提出的行政复议申请,我们依法已予受理。本机关经审查认为:(中止审查的事由)。根据《中华人民共和国行政复议法》第三十九条的规定,决定中止行政复议。

特此通知。

(盖行政复议机关章或者行政复议专用章)
_____年___月___日

行政复议文书三十六

(行政复议机关全称)
恢复行政复议审理通知书

×××行复恢审字[＿＿＿]＿号

被申请人、申请人、第三人：

　　本机关受理的(申请人)不服(被申请人的具体行政行为名称)一案因(中止审查的事由)，我机关于＿＿＿＿年＿＿＿月＿＿＿日决定中止审理，现行政复议中止的原因已消除，根据《中华人民共和国行政复议法》第三十九条及《××省行政复议条例》第××条规定，决定恢复行政复议案件的审理。

(盖行政复议机关章或者行政复议专用章)
＿＿＿＿年＿＿＿月＿＿＿日

行政复议文书三十七

撤回行政复议申请书

行政复议机关名称：

  申请人_____自愿申请撤回于_____年____月____日提出的行政复议申请。

  撤回行政复议的理由：

申请人(签字或者捺手印、盖章)：
_____年____月____日

行政复议文书三十八

(行政复议机关全称)
终止行政复议案件决定书

×××行复终字 [＿＿＿＿] ＿号

申请人(公民):姓名　　　　　性别　　　　　　年龄
　　　　　　　职业　　　　　　住所
　　　　　　　身份证号码　　　邮政编码
　　　　　　　联系电话
申请人(法人或者其他组织):名称
法定代表人(或者负责人):
职务　　　　　　　　　地址　　　　　　联系电话
委托代理人:姓名　　　　职业
　　　　　　律师证号　　住所　　　　　　联系电话
被申请人:名称　　　　　法定代表人
　　　　　职务　　　　　地址　　　　　　联系电话
委托代理人:姓名　　　　职业
　　　　　　律师证号　　住所　　　　　　联系电话
第三人(公民):姓名　　　性别　　　　　　年龄
　　　　　　　职业　　　住所
　　　　　　　邮政编码　联系电话
第三人(法人或者其他组织):名称
法定代表人(或者负责人):
职务　　　　　　　　　地址　　　　　　联系电话
委托代理人:姓名　　　　职业
　　　　　　律师证号　　住所　　　　　　联系电话

　　申请人因不服被申请人作出的(具体行政行为名称)提出的行政复议申请,本机关依法已予受理。经审查:(终止行政复议的理由),依照《中华人民共和国行政复议法》第四十一条的规定,本机关决定:终止对本行政复议案的审查。

（盖行政复议机关章或者行政复议专用章）
_____年___月___日

行政复议文书三十九

（行政复议机关全称）
行政复议调解书

申请人(公民):姓名　　　　性别　　　　年龄
　　　　职业　　　　住所
　　　　身份证号码　　　邮政编码
　　　　联系电话
申请人(法人或者其他组织):名称
法定代表人(或者负责人):
　　　　职务　　　　地址　　　　联系电话
　　委托代理人:姓名　　　职业
　　　　律师证号　　　住所　　　联系电话
被申请人:名称　　　　法定代表人
　　　　职务　　　　地址　　　　联系电话
　　委托代理人:姓名　　　职业
　　　　律师证号　　　住所　　　联系电话
第三人(公民):姓名　　　性别　　　年龄
　　　　职业　　　　住所
　　　　邮政编码　　　联系电话
第三人(法人或者其他组织):名称
法定代表人(或者负责人):
　　　　职务　　　　地址　　　　联系电话
　　委托代理人:姓名　　　职业
　　　　律师证号　　　住所　　　联系电话

　　申请人不服被申请人作出的(具体行政行为名称),于＿＿＿＿年＿＿＿月＿＿＿日向本机关申请行政复议,本机关依法已予受理。
　　申请人的行政复议请求:
　　事实与理由:
　　依照《中华人民共和国行政复议法》第七十三条的规定,本机关按照

自愿、合法的原则进行调解,当事人达成如下协议:
　　(调解的结果)
　　上述协议符合法律规定,本机关予以确认。本行政复议调解书经双方当事人签字,即具有法律效力。

　　被申请人:(签字、捺手印或者盖章)_____年____月____日
　　申请人:(签字、捺手印或者盖章)_____年____月____日
　　第三人:(签字、捺手印或者盖章)_____年____月____日

　　　　　　　　　　(盖行政复议机关章或者行政复议专用章)
　　　　　　　　　　_____年____月____日

行政复议文书四十

行政复议和解协议书

申请人(公民):姓名　　　　性别　　　　　　年龄
　　　　　　　职业　　　　住所
　　　　　　　身份证号码　　　　　　　　邮政编码
　　　　　　　联系电话
申请人(法人或者其他组织):名称
法定代表人(或者负责人):
　　职务　　　　　　地址　　　　　　联系电话
　　委托代理人:姓名　　　　职业
　　律师证号　　　　住所　　　　　　联系电话
被申请人:名称　　　　　　法定代表人
　　职务　　　　　　地址　　　　　　联系电话
　　委托代理人:姓名　　　　职业
　　律师证号　　　　住所　　　　　　联系电话
第三人(公民):姓名　　　　性别　　　　　　年龄
　　职业　　　　　　住所
　　邮政编码　　　　联系电话
第三人(法人或者其他组织):名称
法定代表人(或者负责人):
　　职务　　　　　　地址　　　　　　联系电话
　　委托代理人:姓名　　　　职业
　　律师证号　　　　住所　　　　　　联系电话

　　(申请人)不服被申请人作出的(具体行政行为名称),于＿＿＿＿年＿＿＿月＿＿＿日向＿＿＿＿＿＿＿＿(行政复议机关名称)申请行政复议,(行政复议机关名称)已于＿＿＿＿＿年＿＿＿＿月＿＿＿＿日依法予以受理。

　　现经申请人与被申请人协商,自愿达成和解协议如下:＿＿＿＿＿＿＿＿＿＿＿＿＿＿＿＿＿＿＿＿。特申请撤回本案行政复议申请。

　　和解协议一式＿＿＿＿份,申请人、被申请人、第三人各执一份,并向(行政复议机关名称)提交一份。

被申请人:(签字、捺手印或者盖章)_____年___月___日
申请人:(签字、捺手印或者盖章)_____年___月___日
第三人:(签字、捺手印或者盖章)_____年___月___日

行政复议文书四十一

(行政复议机关全称)
行政复议委员会办公室案审会讨论记录
(_____年第____次会议)

案件名称:
讨论时间:_____年____月____日____时____分至____时____分
讨论地点:
主持人:
参加人员:
记录人:
承办人汇报案情:
参加人员发言记录:
讨论结论:

参加人员签字:

行政复议文书四十二

(行政复议机关全称)
行政复议委员会案审会记录
(_____年第____次会议)

案件名称：
讨论时间：_____年____月____日____时____分至____时____分
讨论地点：
主持人：
参加人员：
记录人：
承办人汇报案情及行政复议委员会办公室案审会讨论意见：
参加人员的发言记录：
讨论结论：

参加人员签字：

行政复议文书四十三

（行政复议机关全称）
行政复议决定书

×××行复决字〔＿＿＿〕＿号

申请人(公民)：姓名　　　　性别　　　　　　年龄
　　　　　　　职业　　　　住所
　　　　　　　身份证号码　邮政编码
　　　　　　　联系电话
申请人(法人或者其他组织)：名称
法定代表人(或者负责人)：
　职务　　　　　　　　地址　　　　　　联系电话
　委托代理人：姓名　　　职业
　　　　　　　律师证号　住所　　　　　联系电话
被申请人：名称　　　　　法定代表人
　　　　　职务　　　　　地址　　　　　联系电话
　委托代理人：姓名　　　职业
　　　　　　　律师证号　住所　　　　　联系电话
第三人(公民)：姓名　　　性别　　　　　　年龄
　　　　　　　职业　　　住所
　　　　　　　邮政编码　联系电话
第三人(法人或者其他组织)：名称
法定代表人(或者负责人)：
　职务　　　　　　　　地址　　　　　　联系电话
　委托代理人：姓名　　　职业
　　　　　　　律师证号　住所　　　　　联系电话

（申请人）不服被申请人　作出的（具体行政行为名称），于＿＿＿＿年＿＿＿月＿＿＿日向本机关提出行政复议申请，本机关依法已予受理。现已审查终结。（注：有延期、中止情形的还应载明）

申请人请求：

申请人称：（事实及理由）

被申请人称：（作出具体行政行为事实和依据）

第三人称：（对申请人行政复议请求的意见）

经审理查明：（写明查明的事实和行政复议争议焦点）

以上事实有下列证据佐证：（可写明质证认证过程）

本机关认为：（被申请人主体是否适格，具体行政行为认定事实是否清楚，证据是否确凿，适用依据是否正确，程序是否合法，内容是否适当，针对申请人的复议请求及经复议查明的事实写明作出决定的法律依据。同时可以阐述对当事人主张支持与否的理由，要注重对案件争议焦点表明观点及理由的说理性和逻辑性。）

根据［《中华人民共和国行政复议法》第（ ）条第（ ）款第（ ）项等作出决定的相关法律依据］的规定，本机关决定如下：＿＿＿＿＿＿＿＿＿＿＿＿
＿＿＿＿＿＿＿＿＿＿＿＿＿＿＿＿＿＿＿＿＿＿。

符合行政诉讼受案范围的，写明：对本决定不服，可以自接到本决定之日起十五日内，向＿＿＿＿＿＿人民法院提起行政诉讼。（可以向国务院申请裁决的，同时写明：也可以向国务院申请裁决。）

（法律规定行政复议决定为最终裁决的，写明：本决定为最终裁决。）

（盖行政复议机关章或者行政复议专用章）

＿＿＿年＿＿月＿＿日

行政复议文书四十四

(行政复议机关全称)
驳回行政复议申请决定书

×××行复驳字[＿＿＿]＿号

申请人(公民):姓名　　　性别　　　　　　年龄
　　　　　　　职业　　　住所
　　　　　　　身份证号码　　邮政编码
　　　　　　　联系电话
申请人(法人或者其他组织):名称
法定代表人(或者负责人):
　　职务　　　　　　地址　　　　　　联系电话
　　委托代理人:姓名　　　职业
　　　　　　　　律师证号　　住所　　　　　　联系电话
被申请人:名称　　　　　法定代表人
　　　　　职务　　　　　地址　　　　　　联系电话
　　委托代理人:姓名　　　职业
　　　　　　　　律师证号　　住所　　　　　　联系电话
第三人(公民):姓名　　　性别　　　　　　年龄
　　　　　　　职业　　　住所
　　　　　　　邮政编码　　联系电话
第三人(法人或者其他组织):名称
法定代表人(或者负责人):
　　职务　　　　　　地址　　　　　　联系电话
　　委托代理人:姓名　　　职业
　　　　　　　　律师证号　　住所　　　　　　联系电话

(申请人)不服被申请人作出的(具体行政行为的名称)于＿＿＿＿年＿＿＿月＿＿＿日向本机关提出行政复议申请,本机关已于＿＿＿＿年＿＿＿月＿＿＿日予以受理。

申请人请求:

申请人称:(事实及理由)

被申请人答复称:

经审理查明:(驳回的事实和情形)

本机关认为:申请人的行政复议申请属于(驳回行政复议的情形),依照《中华人民共和国行政复议法》第六十九条的规定,本机关决定驳回申请人的行政复议申请。

申请人如不服本决定,可在接到行政复议决定书之日起十五日内向人民法院提起行政诉讼。(或申请人如不服本决定,可在接到行政复议决定书之日起十五日内向上级行政机关请求责令恢复审理)

(盖行政复议机关章或者行政复议专用章)

_____年____月____日

行政复议文书四十五

（行政复议机关全称）
责令恢复审理通知书

×××行复责恢审字[　　]　号

被责令恢复审理的机关名称：

（申请人）对（被申请人具体行政行为名称）不服，于＿＿＿＿年＿＿月＿＿日向你机关提出行政复议申请，你机关于＿＿＿＿年＿＿月＿＿日作出中止行政复议的决定。经审查，本机关认为：该行政复议申请不属于《中华人民共和国行政复议法》第三十九条规定的情形。根据《中华人民共和国行政复议法》第四十条的规定，责令你机关自收到本通知之日起恢复审理。

特此通知。

（盖行政复议机关章或者行政复议专用章）
＿＿＿＿年＿＿月＿＿日

抄送：（申请人）

行政复议文书四十六

(行政复议机关全称)
责令履行通知书

×××行复责履字[＿＿]＿号

被责令履行的机关名称：

　　(申请人)不服你机关作出的(具体行政行为名称)申请行政复议一案,本机关已作出行政复议决定(＿〔＿＿〕号),本机关在行政复议决定书中要求你机关(履行的内容),并于＿＿＿＿年＿＿月＿＿日送达你机关,你机关至今未依法履行。

　　根据《中华人民共和国行政复议法》第七十七条的规定,请你机关于＿＿＿＿年＿＿月＿＿日前履行该行政复议决定,并将履行结果书面报告本机关。

　　特此通知。

　　　　　　　　　　(盖行政复议机关章或者行政复议专用章)
　　　　　　　　　　　　＿＿＿＿年＿＿月＿＿日

抄送:(申请人、第三人)

行政复议文书四十七

（行政复议机关全称）
行政复议意见书

×××行复意字[＿＿＿]＿号

行政机关名称：

（申请人）不服你机关作出的（具体行政行为名称）申请行政复议一案，本机关已作出行政复议决定（＿〔＿＿＿〕号），本机关决定（行政复议决定书中决定的内容）。本机关在案件审理过程中发现（有关政府或者部门名称）存在以下问题：＿＿＿＿＿＿＿＿＿＿＿＿＿＿＿。现依据《中华人民共和国行政复议法》第七十六条的相关规定，向你机关提出如下行政复议意见：＿＿＿＿＿＿＿＿＿＿＿＿＿＿＿。请你机关自收到本行政复议意见书之日起六十日内予以办理，并将办理结果报本机关。

（盖行政复议机关章或者行政复议专用章）
＿＿＿＿＿年＿＿＿月＿＿＿日

行政复议文书四十八

(行政复议机关全称)
行政复议建议书

×××行复建字[＿＿]＿号

行政机关名称：

　　(申请人)不服(被申请人名称)作出的(具体行政行为名称)申请行政复议一案,本机关已作出行政复议决定(＿〔＿＿〕号),本机关决定(行政复议决定书中决定的内容)。同时,本机关在案件审理过程中发现有关政府和部门存在以下问题:(＿＿＿＿＿＿＿＿),现向你机关提出如下建议:(＿＿＿＿＿＿＿＿)。

　　　　　　　　(盖行政复议机关章或者行政复议专用章)
　　　　　　　　＿＿＿＿年＿＿月＿＿日

行政复议文书四十九

行政复议案件文书审批表

案由	
申请人		收案时间	
文书名称	
行政复议机关负责人批示	
行政复议机构负责人批示	
行政复议机构承办处(科、股)室负责人审核	
案件承办人意见	

行政复议文书五十

行政复议案件送达回证

送达文书名称	
送达文书案号	
送达地点	
受送达人	
签收人	
送达时间	
备注	

附录四 立法体系图

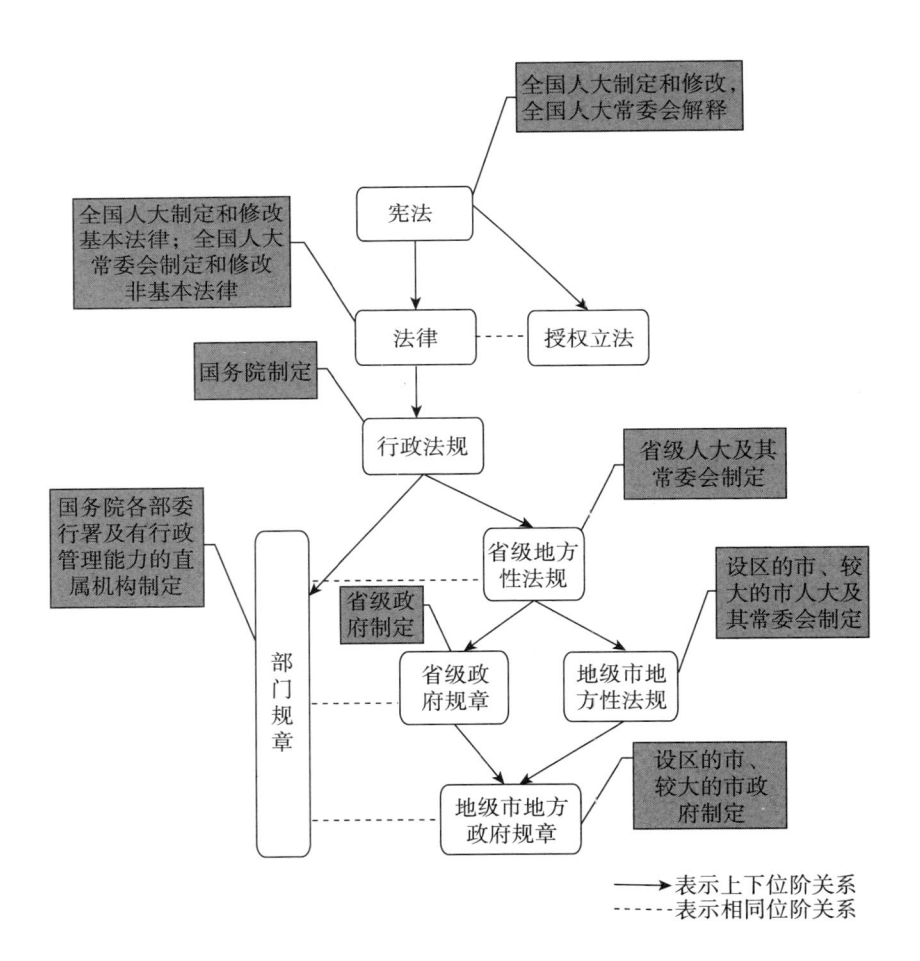

- 宪法：全国人大制定和修改,全国人大常委会解释
- 法律：全国人大制定和修改基本法律;全国人大常委会制定和修改非基本法律
- 授权立法
- 行政法规：国务院制定
- 省级地方性法规：省级人大及其常委会制定
- 省级政府规章：省级政府制定
- 地级市地方性法规：设区的市、较大的市人大及其常委会制定
- 地级市地方政府规章：设区的市、较大的市政府制定
- 部门规章：国务院各部委行署及有行政管理能力的直属机构制定

⟶ 表示上下位阶关系
------ 表示相同位阶关系

附录五　行政复议工作流程图

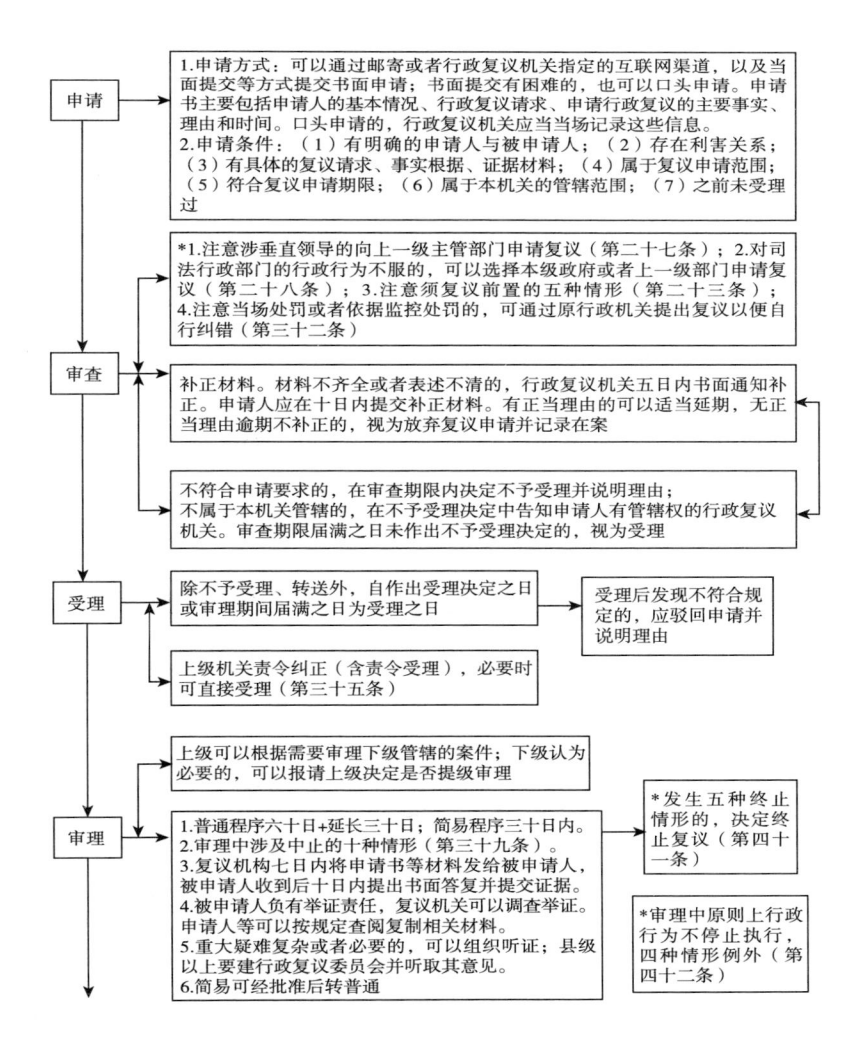

申请
1. 申请方式：可以通过邮寄或者行政复议机关指定的互联网渠道，以及当面提交等方式提交书面申请；书面提交有困难的，也可以口头申请。申请书主要包括申请人的基本情况、行政复议请求、申请行政复议的主要事实、理由和时间。口头申请的，行政复议机关应当场记录这些信息。
2. 申请条件：（1）有明确的申请人与被申请人；（2）存在利害关系；（3）有具体的复议请求、事实根据、证据材料；（4）属于复议申请范围；（5）符合复议申请期限；（6）属于本机关的管辖范围；（7）之前未受理过

审查
*1.注意涉垂直领导的向上一级主管部门申请复议（第二十七条）；2.对司法行政部门的行政行为不服的，可以选择本级政府或者上一级部门申请复议（第二十八条）；3.注意须复议前置的五种情形（第二十三条）；4.注意当场处罚或者依据监控处罚的，可通过原行政机关提出复议以便自行纠错（第三十二条）

补正材料。材料不齐全或者表述不清的，行政复议机关五日内书面通知补正。申请人应在十日内提交补正材料。有正当理由的可以适当延期，无正当理由逾期不补正的，视为放弃复议申请并记录在案

不符合申请要求的，在审查期限内决定不予受理并说明理由；
不属于本机关管辖的，在不予受理决定中告知申请人有管辖权的行政复议机关。审查期限届满之日未作出不予受理决定的，视为受理

受理
除不予受理、转送外，自作出受理决定之日或审理期间届满之日为受理之日

受理后发现不符合规定的，应驳回申请并说明理由

上级机关责令纠正（含责令受理），必要时可直接受理（第三十五条）

上级可以根据需要审理下级管辖的案件；下级认为必要的，可以报请上级决定是否提级审理

审理
1. 普通程序六十日+延长三十日；简易程序三十日内。
2. 审理中涉及中止的十种情形（第三十九条）。
3. 复议机构七日内将申请书等材料发给被申请人，被申请人收到后十日内提出书面答复并提交证据。
4. 被申请人负有举证责任，复议机关可以调查举证。申请人等可以按规定查阅复制相关材料。
5. 重大疑难复杂或者必要的，可以组织听证；县级以上要建行政复议委员会并听取其意见。
6. 简易可经批准后转普通

*发生五种终止情形的，决定终止复议（第四十一条）

*审理中原则上行政行为不停止执行，四种情形例外（第四十二条）

附带审查

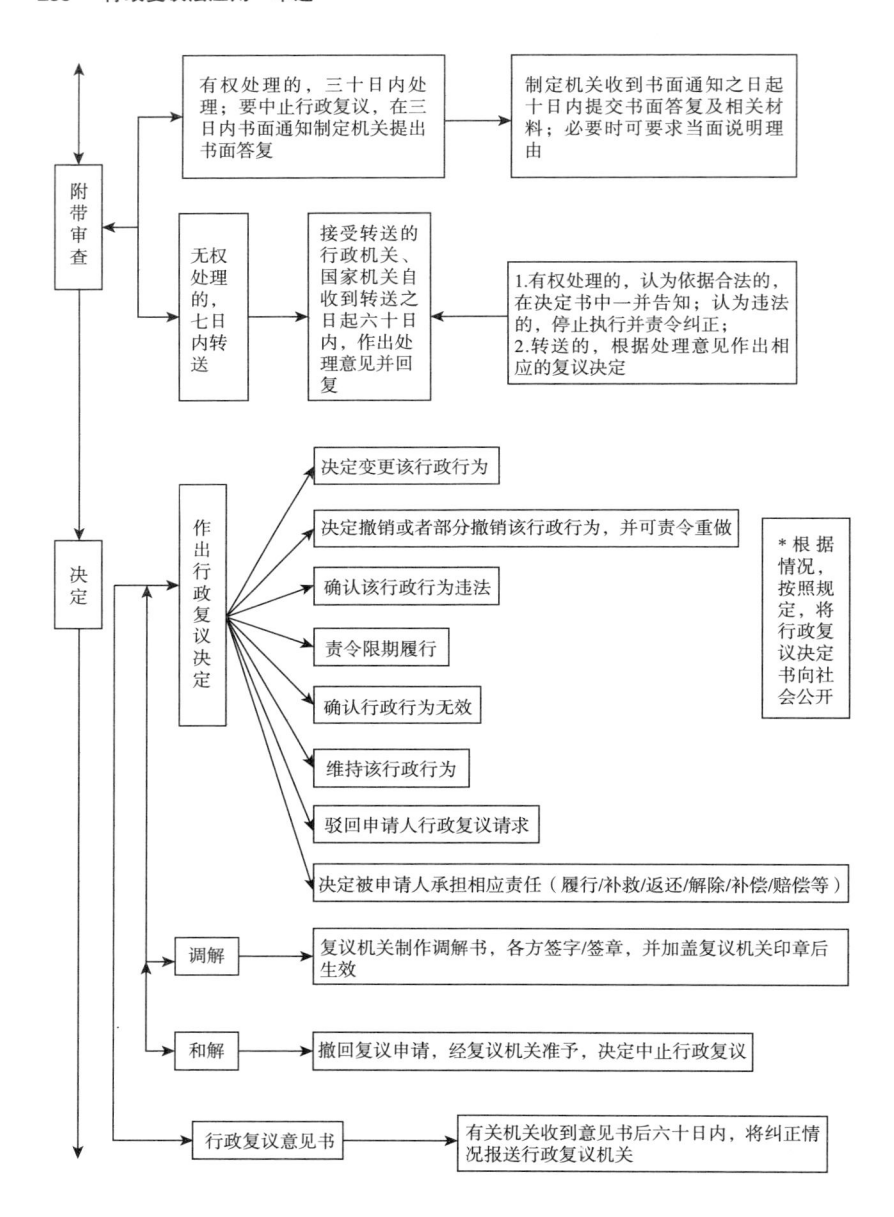

- 有权处理的，三十日内处理；要中止行政复议，在三日内书面通知制定机关提出书面答复 → 制定机关收到书面通知之日起十日内提交书面答复及相关材料；必要时可要求当面说明理由
- 无权处理的，七日内转送 → 接受转送的行政机关、国家机关自收到转送之日起六十日内，作出处理意见并回复
  1. 有权处理的，认为依据合法的，在决定书中一并告知；认为违法的，停止执行并责令纠正；
  2. 转送的，根据处理意见作出相应的复议决定

决定

作出行政复议决定：
- 决定变更该行政行为
- 决定撤销或者部分撤销该行政行为，并可责令重做
- 确认该行政行为违法
- 责令限期履行
- 确认行政行为无效
- 维持该行政行为
- 驳回申请人行政复议请求
- 决定被申请人承担相应责任（履行/补救/返还/解除/补偿/赔偿等）

*根据情况，按照规定，将行政复议决定书向社会公开

调解： 复议机关制作调解书，各方签字/签章，并加盖复议机关印章后生效

和解： 撤回复议申请，经复议机关准予，决定中止行政复议

行政复议意见书 → 有关机关收到意见书后六十日内，将纠正情况报送行政复议机关

附录五　行政复议工作流程图

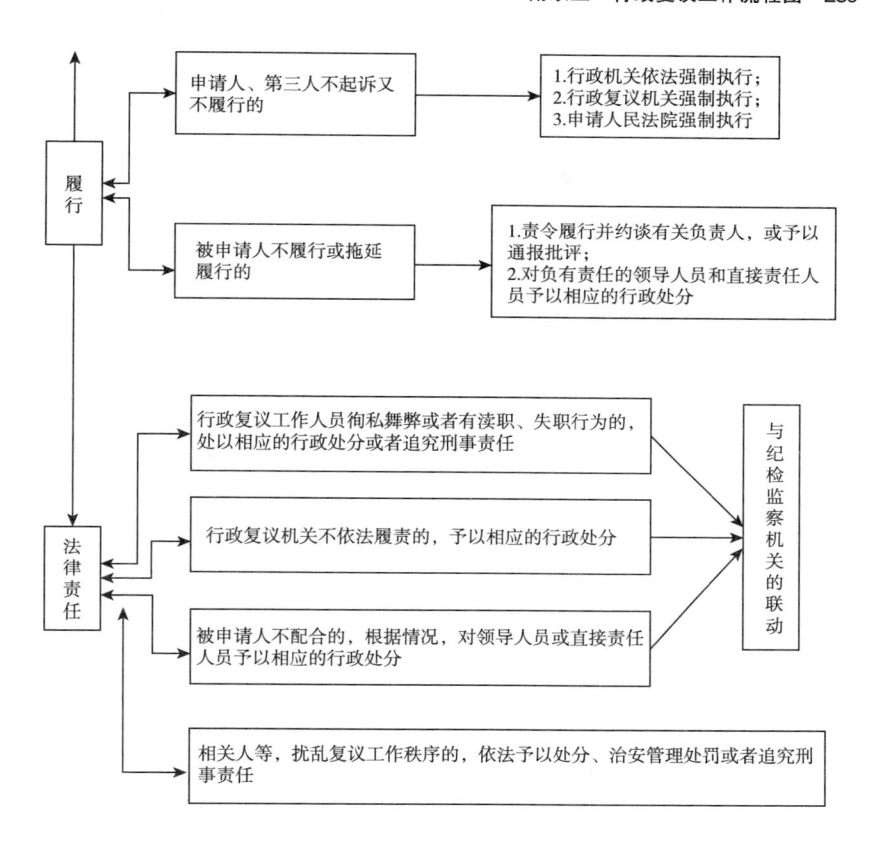

履行

- 申请人、第三人不起诉又不履行的 → 1.行政机关依法强制执行；2.行政复议机关强制执行；3.申请人民法院强制执行
- 被申请人不履行或拖延履行的 → 1.责令履行并约谈有关负责人，或予以通报批评；2.对负有责任的领导人员和直接责任人员予以相应的行政处分

法律责任

- 行政复议工作人员徇私舞弊或者有渎职、失职行为的，处以相应的行政处分或者追究刑事责任
- 行政复议机关不依法履责的，予以相应的行政处分
- 被申请人不配合的，根据情况，对领导人员或直接责任人员予以相应的行政处分

→ 与纪检监察机关的联动

- 相关人等，扰乱复议工作秩序的，依法予以处分、治安管理处罚或者追究刑事责任